TODOS SOMOS CULPABLES

COLECCION CUBA Y SUS JUECES

EDICIONES UNIVERSAL, Miami, Florida, 1991

Guillermo de Zéndegui

TODOS SOMOS CULPABLES

© Copyright 1991 by Guillermo de Zéndegui

Primera edición 1991,

EDICIONES UNIVERSAL
P.O. Box 450353 (Shenandoah Station)
Miami, FL, 33245-0353. USA

Library of Congress Catalog Card No.: 91-75691

I.S.B.N.: 0-89729-620-6

INTRODUCCION

El por qué de este libro

La cuestión cubana ha venido siendo el tópico dominante en la literatura del exilio, pero esa ya abundante producción libresca se ha dirigido casi sin excepción a su problemática política, como si fuesen solo de esa específica índole todos los males que nos acosan y, consecuentemente, solo con fórmulas políticas cumple darles solución.

Es otro muy distinto, el enfoque de este libro que podemos calificar sin reservas como fuera de serie. Para su autor constituye un error fundamental el seguir atribuyendo a circunstancias adversas, fuera de control, el evidente fracaso de nuestro primer ensayo republicano, toda vez que esas circunstancias no se dieron por generación espontánea, antes bien, las fuimos creando con nuestro comportamiento colectivo hasta hacer posible la realización de los hechos a que dieron lugar.

Visto el proceso histórico cubano desde esa nueva perspectiva dejan de ser ya los acontecimientos en sí mismos objeto de estudio, porque la atención recae en los sujetos de ese acontecer. Son nuestros inveterados hábitos y tendencias, las formas que nos son propias de reaccionar y conducirnos, de practicar la política y de entender la democracia, en fin, las características dominantes de nuestra personalidad colectiva, lo que importa poner a descubierto. Porque únicamente llegando a saber en verdad como somos, lo que no siempre coincide con lo que creemos ser, es que resultaremos capaces de juzgar en justicia nuestra pasada conducta y adquirir plena conciencia de la responsabilidad que nos cumple admitir en el desarrollo de los hechos que nos afectan.

Ese y no otro, constituye el principal objetivo de este enjundioso ensayo de psicología social donde la realidad cubana de ayer y de hoy es analizada desde dentro, lo que equivale a seguir la trama de su urdimbre por el envés, no ciertamente la cara más atractiva pero sí, de fijo, la más veraz ya que es en ella donde se ocultan los nudos de las imperfecciones.

En la primera parte el autor se sirve de tres individualidades a manera de muestras típicas del cuerpo social cubano durante el proceso de cambio y adaptación al régimen comunista y tras un minucioso examen de sus respectivos comportamientos termina disculpándolos por cuanto, motivados por las circunstancias, se sintieron obligados a hacer o a dejar de hacer. Pero esa conclusión no lo lleva a absolverlos también de la gran culpa colectiva que compartían con los demás miembros de la sociedad cubana de entonces como de antes, porque de esa otra responsabilidad no nos libramos sin tener plena conciencia de nuestras faltas y hacernos un firme propósito de enmienda.

¿Qué factores han contribuido a hacernos como somos? ¿Cuáles fueron nuestros vicios de conformación nacional? ¿En qué consisten esos pecados capitales de conducta cívica que tanto contribuyeran a sembrar la discordia cuando más necesitábamos la paz y a dividirnos en facciones hostiles e irreconciliables cuando más necesitábamos de unión? He ahí el repertorio de intrigantes cuestiones que se ventilan en la segunda parte de este libro, sin dudas, la que le imprime el mayor valor de utilidad y actualidad que le atribuimos y nos mueve a su publicación, porque nunca como ahora cuando nos abocamos a la ingente tarea de construir una nueva república sobre las ruinas de la que todos contribuimos a destruir es que se nos hace imperioso evitar el riesgo de coincidir en pasados errores.

PRIMERA PARTE

I

Como empecé a pensar en Pedro, Juan y Diego y por qué se me hacía difícil justificar sus conductas.

Tengo ante mis ojos la fotografía panorámica de una de las muchas manifestaciones que desfilaron por las calles habaneras a raíz de adueñarse del poder en Cuba la llamada revolución triunfante. No sé ciertamente por qué me la topo entre mis papeles ya que si no soy dado a conservar recuerdos gratos fuera del archivo de mi memoria, menos aún lo soy para perpetuar los ingratos como resultó ser este que ahora veo proyectarse con todos sus detalles en la pantalla de mi imaginación. Nada hay en la fotografía que denote la presencia de seres humanos. Dado su lejano enfoque sólo alcanzo a percibir una mancha grisácea que semeja un inmenso hormiguero, pero esa transformación de la realidad es aparente, claro está, cuestión de perspectiva, ya que si me fuera dable llevar dicha fotografía a la platina de un microscópio como si se tratara de una muestra de laboratorio, sería capaz de ver, también, separadas y distintas, las células humanas que integran ese tejido multitudinario que llamamos muchedumbre. Más aún, llegaría a identificar a Pedro, a Diego y a Juan, toda vez que me consta que estaban en aquella manifestación codo con codo con cuantos repetían su consigna cruel y vengativa: ¡paredón!, ¡paredón! aunque me asalta la sospecha de que, tal vez, tampoco llegara a reconocerlos, dado que no se nos identifica únicamente por la imagen que proyectamos sino por nuestra peculiar manera de conducirnos. Es por eso que se ha dado en llamar comportamiento que los demás nos aprecian y distinguen, y cuando traigo a la memoria a Pedro, a Juan y a Diego, estoy viendo algo más que lo que puede captar el objetivo de una cámara fotográfica; estoy representándomelos con sus ideas y opiniones, teniendo presente lo que hacían y dejaban de hacer, tanto en la vida privada como pública; estoy volviéndolos a ver en la intimidad de sus hogares, en sus sitios de trabajo y reunión y trayendo a mi memoria esas formas tan suyas de expresarse y actuar.

Por eso, porque puedo decir que conocía como eran Pedro, Juan y Diego es que se me hace tan difícil aceptar la irrefutable verdad de que estaban allí integrando aquella manifestación y que siga preguntándome el por qué lo hicieron. No cabe atribuirlo solamente a las circunstancias, porque éstas se limitan a propiciar nuestra conducta, no nos fuerzan a hacer o a dejar de hacer, pues no estamos encajados en las circunstancias como un clavo en el madero, sino que disponemos siempre de un margen de flexibilidad. Ellos pudieron siempre elegir entre dos posibilidades, la de ir y la de abstenerse, y si no escogieron esta última, que hubiese sido lo esperado, tuvo que deberse a otros móviles de la conducta que no estaban en los fines aparentes de la manifestación. Yo también puedo ir a un festival y confundirme con la alegría de sus participantes no ciertamente para divertirme sino para ahogar mis penas, lo mismo que puedo recurrir al alcohol. Mi conducta de entonces no responde a una rigurosa causalidad, deja de estar directamente motivada por la causa presunta de la que se sirve sólo como medio o instrumento.

Claro que no podría negar, ya que sería ignorar los hechos, que mis tres personajes tuvieron un punto de coincidencia cuando decidieron unirse a aquella enardecida multitud, pero aunque no llegue a saber nunca cuáles fueron los íntimos motivos que los llevaron a coincidir, podría asegurar que distaban de ser los mismos y que, en ningún caso, estuvieron directamente relacionados con los fines vengativos del suceso que los congregara y que aparentemente hacían suyos.

Pedro, en particular, no podía abrigar ningún sentimiento de odio por aquellos para quienes estaba pidiendo el paredón de fusilamiento, por la obvia razón de que lejos de poder considerarse personalmente agraviado, había venido derivando beneficios del régimen depuesto. Más bien me inclino a pensar que lo movió a unirse a los manifestantes el temor insuperable y, por cierto, nada infundado, a verse incluido en la lista de los considerados culpables.

De Juan podría razonablemente presumir que no fue él quien eligió cual habría de ser su conducta, dado que entre una y otra obligación urgente, no le quedaba tiempo libre para pensar en otros problemas que no fueran los del hogar y el taller. El se consideraba únicamente un hombre de trabajo, lo que debe interpretarse en el sentido de que más que trabajar para vivir vivía para trabajar y así, día tras día, fue desentendiéndose de la problemática política al punto de no llegar a formarse un criterio propio al respecto y de resultarle más cómodo dejarse guiar por lo que oía decir por la radio a su comentarista preferido y a aquellos compañeros de labor a los que atribuía una mejor información. Es por eso que me inclino a suponer que Juan se encontró formando parte de la manifestación de marras sin en verdad habérselo propuesto. Claro, que en algún instante de reflexión tuvo que resultarle un trago muy amargo el tener que hacer coro a sus crueles consignas, pero, acaso, lo soportó resignadamente trayendo a su memoria los días que pasó en el hospital, cuando los médicos le hacían ver que los duros tratamientos al que lo sometían eran por su bien, como en verdad resultaron serlos. De igual manera, si también le repugnaba el tener que pedir la muerte de semejantes a quienes no conocía y cuya culpabilidad tampoco le constaba, debió pensar que tenía que aceptarlo porque según le decían esta vez, era por el bien de la patria.

En el caso de Diego tengo que tomar en cuenta que la persona que hubiese podido identificar por su nombre entre los miles de manifestantes, no era ya enteramente la misma que hube de conocer años atrás. Dejó de serlo cuando su militancia política lo llevó a convertirse en lo que él daba en llamar un revolucionario. Así como el buzo se encierra voluntariamente en su escafandra para alcanzar un tesoro submarino, Diego se hizo hombre de partido y se revistió con ese otro disfraz revolucionario para alcanzar las nuevas metas que se había propuesto. Tal vez lo hizo porque se sabía incapaz de lograrlo por sus propios medios o, acaso, porque no podía soportar el sufrimiento de tener que padecer su destino y su existencia se había convertido en un perpetuo afán de fuga. De cualquier manera, una vez revestido con la escafandra revolucionaria no era ya propiamente él quien actuaba, sino el complejo mecanismo de su aparato y sus reacciones dejaron de ser espontáneas para tornarse en movimientos tácticos. No, no podría pensar de Diego lo mismo que de Pedro y de Juan no obstante coincidir los tres en lo incongruente de sus respectivas conductas. Muy por el contrario, él no fingía intencionalmente ser quien no era sólo por librarse de un peligro que lo amenazaba, ni podría decirse que se dejó conducir, porque ya venía acostumbrado a hacerlo y, además, porque no sabía remar por cuenta propia. No, Diego no tenía tampoco un pasado que salvar, bien lejos de eso, le pesaba el suyo como una carga inútil de la que quería deshacerse cuanto antes, y menos cabe suponer que en ningún momento le remordiera la conciencia y buscara una razón o pretexto para disculparse. Ni lo uno ni lo otro, porque desde su nuevo punto de vista corear a los que pedían muerte era un gaje del oficio que tenía que aceptar disciplinadamente, con la misma resuelta actitud del soldado que se le asigna a un pelotón de fusilamiento. El estaba actuando como cumplía hacerlo a un buen revolucionario, y digo actuando, dado que una vez convertido en "hombre de partido" él no seguiría siendo autor de sus propios actos sino actor en los mismos. No se trata ya de que adoptase una actitud histriónica o de que fingiese, como hizo Pedro, no, él estaba tan posesionado de su papel que debió llegarse a creer que era en verdad el personaje que representaba, y no le faltaba razón dado que lo que llamamos realidad es lo que firmemente creemos que es la realidad.

Se ha dicho que todos tenemos un proyecto de vida para el que nos programamos de antemano. Eso es verdad, pero no lo es menos que podemos aceptar resignadamente nuestro destino o rebelarnos contra él; esa es nuestra opción. Ahora bien, no basta conque queramos cambiar el proyecto de vida que nos es dado, hace falta, también, para conseguirlo, que resultemos capaces de superar las dificultades y limitaciones que puedan impedírnoslo. De ahí que tengamos necesidad de recurrir en ocasiones al apoyo ajeno, así como de inventarnos razones que justifiquen nuestra conducta. Diego debió encontrar en el Partido al que se incorporara el trampolín que le permitiera poder escapar de sí mismo. Claro está que aquel movimiento revolucionario se servía de él para el logro de sus metas, pero él, también, se servía del movimiento para alcanzar sus propios fines y así, dentro de esa extraña simbiosis fue que llegó a poder comportarse como un ejemplar "hombre de partido" sin dejar de seguir siendo un genuino individualista.

Cabe aún preguntarme qué íntimos impulsos, qué incentivos o, acaso, inconfesables apetitos despertaron en Diego la imperiosa necesidad de querer reprogramarse. Y es a este propósito que traigo a la memoria aquella lejana ocasión en que hube de reprocharle esa temeraria afición suya a imprimir a su motocicleta una vertiginosa velocidad. Correr por correr, es irresponsable y absurdo ¿por qué lo haces? recuerdo que le dije. Yo no corro por correr, corro por llegar, fue su respuesta. Pero ¿a dónde? que sepa, no vas a ninguna parte, le repliqué con extrañeza, y fue entonces que me dio aquella incomprensible explicación que aún conservo viva en mis recuerdos: no hace falta ir a sitio alguno para querer llegar...

Querer llegar. A eso mismo aspiraban los dirigentes del Partido, no otra cosa pretendían sus correligionarios en la aventura revolucionaria. Todos, al unísono, querían llegar, fuera como fuese y cuanto antes mejor, aunque sus metas distasen de ser las mismas y pese a que algunos no se las hubiesen fijado nunca antes. Pero no se puede llegar sin dejar algo atrás; es decir, sin experimentar un cambio de panorama ya sea éste social, político o moral, lo que a su vez implica una previa tarea destructiva ya que tampoco se puede construir una nueva realidad sin arruinar la precedente. Ahí radica el motivo de la expectación que despiertan en los individuos insatisfechos y ambiciosos el anuncio de las llamadas revoluciones. Diego era uno de ellos y tuvo que sentirse atraído por el cambio que se proyectaba; sin dudas intuía que la ruina del estado de cosas imperante habría de dejar al descubierto todo un potencial de tentadoras posibilidades.

Ahora bien, aunque ese crudo pensamiento ventajista hubiera podido influir como incentivo en la decisión de Diego, doy por seguro que una vez incorporado al movimiento debió quedar sepultado en el fondo de su subconciente por un aluvión de nuevos estímulos de lucha. La explicación está en que la mente humana, al igual que la más insignificante célula de un organismo vivo, tiende a asimilar todo aquello que le aprovecha y conviene y a desechar cuanto le estorba o perjudica.

A él le convenía aceptar que todo lo que se hacía en nombre de la revolución era apropiado y justo y así llegó a creérselo en verdad. Por eso no se detuvo a reflexionar sobre cuál habría de ser la solución apropiada para resolver la crisis política de su país, ni mucho menos a indagar los antecedentes y aptitudes de quienes lideraban el movimiento. De haberlo hecho, tal vez, hubiese desistido, pero debió preferir lo contrario, simplemente, porque no quería que ningún atisbo de duda pudiera desfigurar la imagen de la revolución que él se había representado y mientras más difusa y acomodaticia resultara la misma, mejor que mejor.

En llegando a este extremo de mis reflexiones me detiene la sospecha de haber estado justificando, sin proponérmelo, la presencia de mis tres conocidos en aquel "acto de masas" cuyo recuerdo tanto repugna a mi memoria. Claro que una cosa es dar explicación a una conducta y otra, muy distinta, es justificarla, sin embargo, si acepto como válidos los argumentos que motivaron dicha conducta estoy implícitamente liberando de responsabilidad a sus autores, lo que, a su vez, me mueve a tener que admitir la posibilidad de poder llegar a consumar una mala acción sin dejar de proceder de buena fe.

Esa última conjetura parece a primera vista un contrasentido lógico y vale la pena preguntarme qué debemos entender en verdad por eso que llamamos buena y mala fe, porque si partimos del supuesto de que se trata de un dictado de la conciencia y que habremos de buscarla en los móviles de la conducta, yo no podría negarle la buena fe a Diego, una vez conformado dentro de la horma revolucionaria y de haber llegado al íntimo convencimiento de que su primordial deber era cumplir sin reservas ni vacilaciones con el mandato de sus líderes. Tampoco podría negársela a Juan, de quien a punto estoy por creer que se servía de una conciencia prestada, tan habituado estaba a dejarse guiar por cabeza ajena, y en cuanto a Pedro, si bien es cierto que fingió deliberadamente sentir lo que no sentía cuando se puso el disfraz de revolucionario, lo hizo sin ánimo de producir daño alguno, antes bien, en defensa propia para librar a su familia de un inminente castigo que debió considerar tan severo como injusto ya que, sinceramente, no creía haber hecho nada para merecerlo.

Pero si no son el cómo y el por qué de lo que hacemos, sino lo que en definitiva hayamos hecho, lo que importa para el caso, entonces, yo no podría por menos que por condenar a todos y a cada uno de cuantos aquel día se manifestaron por las calles habaneras. ¿Cómo eximirlos de responsabilidad si es innegable que todos por igual contribuían no ya sólo a alentar la situación de violencia imperante, sino a agravarla, demandando nuevos actos de crueldad e injusticia?

Este último razonamiento es concluyente y de aceptarlo tendría que admitir, también, que estaba equivocado en cuanto venía pensando sobre el comportamiento de mis tres conocidos personajes; más aún, no debí de llegar a conocerlos en verdad nunca, ya que de haber sido ellos como yo todavía me los represento no hubiesen podido dejar de conducirse en forma consecuente. Esa posibilidad se me hace inadmisible y me inclino a suponer que la equivocación no está en mí, sino el argumento lógico de que me estoy sirviendo, lo que voy a explotar.

Aristóteles fue el primero en enseñarnos a pensar con orden, o mejor, a poner en orden nuestras ideas antes de empezar a pensar y eso es, sin dudas, lo que debemos de hacer. Pero pensar ordenadamente no implica siempre el que esté bien lo que pensamos y aun las buenas conclusiones lógicas puede que no se avengan con lo que creemos que debe ser, dado que la verdad subjetiva por la que nos regimos no es en definitiva la auténtica realidad de las cosas, sino la imagen que de las mismas tenemos formada; es decir, lo que creemos que es la verdad.

Partiendo de la experiencia inobjetable de que todos los hombres son mortales y de la no menos patente realidad de que Pedro, Juan y Diego son hombres puedo concluir que ellos tres son mortales, pero ¿es ese silogismo lógico aplicable, también, al caso que me ocupa? Por supuesto que no, porque no estoy partiendo ya de una verdad irrebatible como primera premisa sino de un juicio de valor sobre un hecho consumado, tal como yo me lo represento, y debo tener presente que no se juzga desde el vacío, que necesitamos contar con un apoyo, con eso que llamamos nuestro punto de observación y atenernos a la perspectiva que el mismo nos ofrece.

Ya, ahora, yo dispongo de una visión retrospectiva que me permite juzgar el hecho de que se trata dentro del contexto del período revolucionario al que pertenece; conozco las ocultas intenciones de aquella movilización de la opinión pública solo aparentemente espontánea y puedo medir todo el alcance de sus efectos. Nada de eso era posible para quienes resultaron ser sus autores materiales, sin que tampoco deba admitir que pudieran presumirlo ni siquiera aproximadamente. El delincuente que planea la ejecución del hecho delictivo que tiene proyectado si puede representárselo tal como es y aun estudiar cómo eludir sus previsibles consecuencias, pero ese no fue el caso de Pedro, Juan y Diego, ellos no proyectaron la manifestación de la que formaron parte ni se detuvieron a reflexionar sobre sus ulteriores objetivos e implicaciones, lo que quiere decir que sabían mucho menos de lo que estaban haciendo que lo que me consta a mi ahora. Y ahí esta el contrasentido lógico de muchas de nuestras acciones, la imposibilidad de reconciliar en ellas la verdad que arroja el razonamiento metódico con nuestra verdad subjetiva.

Cabe suponer, aunque esto pueda tomarse a primera vista por un absurdo, que Pedro, Juan y Diego no estuvieron nunca en la manifestación que yo me represento aun teniendo por cierto su presencia física en la misma. Aunque mejor sería decir que no llegaron a ir nunca, porque subjetivamente vamos, en verdad, a donde creemos que estamos encaminándonos mientras no comprobemos lo contrario. Cuando alguien sale con su auto a dar un paseo y tiene un accidente mortal, no puede decirse de él que salió a morir o a causar la muerte a un semejante, aunque haya tomado la ruta necesaria y hecho en la oportunidad y tiempo precisos, lo imprescindible para que el suceso tuviese lugar.

Cuando resolvió unirse a la manifestación de aquel día, Pedro iba a un acto más de la farsa que estaba representando sin preguntarse, por supuesto, si su papel en la misma habría de ser de héroe o de villano. Juan, por su parte, no iba propiamente a ningún sitio, se dejaba llevar a aquél aunque a disgusto, pensando, tal vez, que si otros habían sacrificado hasta la vida por el bien del país que menos podía hacer él que sacrificar sus escrúpulos de conciencia. Y en cuanto a Diego, ya di por descontado que no se detuvo un instante a reflexionar sobre a dónde iba ya que todo buen revolucionario, como él creía ser, va siempre al mismo lugar, a donde lo mandan ir. En cualquier caso, una vez incorporados a la multitud enardecida, ellos, al igual que los demás, dejaron de ser quienes venían siendo para compartir una forma de existencia colectiva, despersonalizada, que los rebajó a algo menos que ellos mismos.

Si, todo eso pudo haber ocurrido así aunque me temo que a muchos se les haga muy cuesta arriba admitirlo, y hasta sospecho que de haber estado diciendo en alta voz cuanto he venido pensando, ya me hubiese alguien salido al paso para objetarme el que barajara indistintamente las nociones de culpa y responsabilidad sin caer en cuenta el que podemos ser culpables y no responsables y viceversa, toda vez que la culpa está en nosotros mismos y estriba en tener conciencia de ella, en tanto que la responsabilidad nos llega de afuera como corolario de la acción que realizamos. Pedro, Juan y Diego puede que no se sintiesen nunca culpables y aun que en verdad no lo fuesen, pero ello no los libra de que los alcance las consecuencias de sus propios actos. La responsabilidad es como el polvo que vamos levantando con nuestros pasos mientras avanzamos por la senda de la acción emprendida y que acaba por cubrirnos, pero no podemos sacudírnoslo luego que llegamos como hacemos con el otro polvo del camino. En definitiva, nadie puede ir contra sus propios actos, siempre, claro está, que hayamos podido optar libremente entre las alternativas de llevarlos o no a cabo.

Y he aquí que me surge la duda. ¿Acaso estuvieron Pedro, Juan y Diego en aptitud de poder escoger libremente su comportamiento? No sé ciertamente qué pensar, porque todo va a depender del valor que cumpla dar a ese término.

II

Sobre el papel que juega el resorte de la voluntad y los impulsos que lo mueven, así como de las distintas maneras que mis personajes se vieron compelidos a actuar.

Ante todo conviene tener presente que estoy juzgando la conducta social de un grupo humano por unas pocas muestras individuales, ya que debo suponer que en la aludida manifestacion hubiesen otros muchos Pedros, Juanes y Diegos. Se trata, pues, de un caso de responsabilidad colectiva al que no son aplicables los preceptos del Código Penal desde el momento que ninguno de sus participantes cometió delito alguno; ellos no faltaron a la ley escrita y vigente, lo que no hace su conducta menos reprochable ni menos graves los perjuicios que de la misma se derivaron sino que, únicamente, nos fuerza a juzgarla con un criterio no precisamente jurídico.

Aclarado eso ya puedo entrar de lleno en la cuestión pendiente sobre si mis tres muestras individuales no actuaban en verdad motu proprio cuando optaron por hacer lo que hicieron, para lo cual debo estar primero bien seguro del papel que juega en nuestro comportamiento eso que llamamos voluntad.

Suele pensarse que se trata de una facultad que ejercemos sólo cuando actuamos, pero de ser algo así como nuestras facultades de la vista o del oído tendría también su órgano propio; es decir, existiría por sí misma aunque no la ejerciésemos y, ciertamente, no es ese el caso ya que no podemos concebir la voluntad sin su predicado de acción, un hacer o dejar de hacer, ni aun cuando decimos que tenemos voluntad sin expresar el uso que habremos de darle, dado que se presume entonces que será lo que nos de la gana de hacer en cada momento. Pero como acontece que las ganas las vamos formando con las ideas que nos proponemos llevar a la práctica, cabe concluir que la llamada voluntad viene a ser algo así como un resorte del mecanismo mental que sirve para poner en marcha nuestras ideas. La común expresión "no te des cuerda" parece corroborarlo previniéndonos del peligro de llegar a vernos actuando sin habérnoslo propuesto. Ahora bien, si el resorte de la voluntad por sí solo no nos mueve a actuar toda vez que necesita ser impulsado, todo parece reducirse ya a saber cuáles son esas fuerzas y dónde se originan porque cabe sospechar que no resultemos ser siempre automotrices.

Nos dejamos conducir las más de las veces por impulsos instintivos de los que no tenemos una clara conciencia y es entonces, tal vez, cuando somos más auténticamente nosotros mismos. No faltan, tampoco, los momentos en que nos encontramos respondiendo a llamados del sentimiento, en cuyo caso dejamos propiamente de pensar para obedecer aunque también seguimos siendo nosotros mismos quienes nos impulsamos. Mas raramente pedaleamos las ideas hasta darnos la velocidad suficiente para poder hacer saltar el resorte de la voluntad, tal cosa ocurre cuando decimos "estoy resuelto a hacerlo porque lo he pensado mucho". Pero he aquí que es precisamente entonces cuando más riesgo tenemos de no estar actuando por cuenta propia, y no solamente dado a que solemos fabricar nuestros pensamientos con ideas que nos vienen dadas o que tomamos sin consultar de nuestro prójimo, pues no en vano vivimos en convivencia, sino, también, porque tengo probado que mis decisiones distan de ser siempre el reflejo de lo que en verdad quiero hacer.

Cuando, por ejemplo, monto mi automóvil queriendo premiosamente llegar a algún sitio y lo detengo sin vacilar ante una señal del tránsito, no obedezco ya a mi sentimiento, a lo que quisiera en verdad hacer y, tal vez, pudiera hacer con sólo dar por no vista la señal que me detiene, sino a lo que considero mi deber; algo que yo mismo me impongo por una vía distinta a la del sentimiento y que puede o no coincidir con lo que verdaderamente quiero. Hace sentido el que cuando voy a hacer lo que siento me toco el corazón y, en cambio, cuando aludo a lo que pienso estoy obligado, me toco la cabeza. En ambos casos, claro está, estamos actuando motu proprio, pero ¿podemos decir, también, que actuamos libremente? Seguramente que no y, desde luego, menos, mucho menos, cuando intervienen en nuestras últimas decisiones agentes externos; vale decir, cuando somos estimulados o incitados a proceder en forma distinta y aun contraria a como lo hubiésemos hecho de habernos dejado conducir sólo por nuestras auténticas querencias.

Podría objetárseme aduciendo que tales presiones externas no tendrían efecto alguno en el comportamiento individual si no anidaran en el hombre sentimientos opuestos de amor, odio, piedad, egoísmo, conformidad y envidia, entre otros muchos, susceptibles de despertarse o acelerarse al punto de romper el equilibrio anímico, por lo que en último término seguimos siendo nosotros, nuestros propios sentimientos, los que nos mueven a actuar. Eso es verdad, pero no es menos cierto que de no haber mediado dichas presiones nos hubiésemos manifestado en forma distinta y esto es lo que debo tener en consideración ya que no somos de una vez por todas, antes bien, vamos siendo según nos vayamos manifestando y las imágenes de nosotros mismos que en cada momento proyectamos constituyen, que yo sepa, el único medio de darlo a conocer.

Pasa con nuestros factores externos de provocación ni más ni menos que con los agentes catalíticos. Ellos no forman parte de la fórmula química en la que intervienen pero son capaces de provocar su reacción hasta dar un precipitado nuevo. Si en algún momento resultamos capaces de romper las limitaciones que nos habíamos impuesto y nos sorprendemos pensando y proponiéndonos lo que tiempo atrás hubiésemos descartado del repertorio de las posibles opciones es, sin dudas, porque algo fuera de nosotros ha venido a romper nuestro equilibrio íntimo apoderándose del resorte de la voluntad. A partir de entonces no podemos seguir diciendo propiamente que hacemos lo que queremos aunque lo creamos así y los demás convengan en admitirlo. Y se da el caso que todos, sin excepción, somos vulnerables a las incitaciones que nos acosan desde el mundo exterior aunque, desde luego, el grado de resistencia que podamos oponerles varíe según resultemos más o menos proclives a ser influenciados; vale decir, de acuerdo con la permeabilidad de nuestra corteza psíquica. Pero ya seamos de una u otra manera no podríamos presumir de ser impenetrables sin haber pasado antes por todas las pruebas lo que resulta prácticamente imposible.

Nuestras reacciones anímicas son las respuestas que vamos dando a esas influencias extrañas que los psicólogos llaman motivaciones. Ellas nos tientan como el pecado y bien visto está que respondemos con mayor facilidad a los requiebros de la concupiscencia que a los reclamos de la virtud, pero, acaso, más que la índole misma del incentivo influyen en nuestras reacciones la intensidad y reiteración de las provocaciones de que somos objeto y como tocando este extremo todos los vivientes, hombres y animales, andamos aparejados, viene bien el que recuerde lo que ocurre en el curso de las corridas de toros. Cuando la bestia asoma por la plaza se manifiesta tal como es sin que nada en su comportamiento anticipe la imagen del toro que vamos a llegar a ver. Y bien que lo sabe la cuadrilla, pues todo absolutamente todo, en la Fiesta Brava, ha sido diseñado para sacar al animal de sus casillas, lo que supone tanto como provocarle para que deje de ser quien venía siendo; el color rojo de los capotes, la suerte de las banderillas y finalmente el acoso decisivo del rajoneo. Si como consecuencia de tales provocaciones muere el matador de una cornada a nadie en su sano juicio se le ocurriría responsabilizar a la bestia del infortunado lance.

De fijo, me es imposible conocer en que proporción Pedro, Juan y Diego resultaban vulnerables a las presiones del convulso medio revolucionario en el que por igual estaban inmersos, tampoco podría saber cuanto hubieron de contribuir a propiciar el cambio que se estaba operando en ellos sus respectivas cualidades de egoísmo, flaqueza y ambición. Nada de eso está a mi alcance, pero me temo que tampoco ellos tenían plena conciencia de que estaban dejando de ser como venían siendo, sencillamente, porque eran inducidos a cambiar y la inducción es una vía distinta a la de la reflexión sólo comparable con la hipnosis. No sabemos lo que nos está pasando por dentro cuando nos vemos en un espejo y nos hallamos iguales, también cree ser él el que actúa intoxicado por el alcohol o por la droga y ¿acaso, no constituye esa condición transitoria para los tribunales de justicia un eximente o, al menos, un atenuante de culpabilidad?

Ahora ya comienzo a pisar tierra firme porque estoy situando a mis personajes dentro de la realidad existencial que irremediablemente tuvieron que enfrentar y cualquier juicio de comportamiento que pudiera hacerles en abstracción de la misma, carecería de autenticidad además de resultar, muy posiblemente, injusto, porque cada uno de ellos coexistía con su mundo al igual que yo, ahora, coexisto con el mio. Este mundo que me represento no es, por supuesto, el que identificamos con el planeta que habitamos y que ha existido antes y seguirá existiendo después que muera, sino ese otro con el que tengo que habérmelas a diario quiera o no; el mundo de mis aspiraciones, de mis fantasías, de mis dudas, mis apremios, mis miedos y mis limitaciones, todo, en fin, lo que voy siendo en cada momento, ya que no podría ser quien soy si no tuviese conmigo en íntima interrelación ese problemático conjunto de cosas que resolver para poder seguir viviendo. No tiene otra intención que la de hacernos sentir esa dependencia la tan conocida y no siempre bien interpretada sentencia de Ortega y Gasset "Yo, soy yo y mis circunstancias". Pues bien, si pongo esa fórmula en tercera persona a fin de aplicarla al caso de Pedro, Juan y Diego, podría decir que por aquel entonces ellos eran, ellos y sus circunstancias, lo cual acepto sin reservas aunque no me satisface por completo. La explicación debo encontrarla en el hecho de que la susodicha fórmula es cuantitativa no cualitativa; nos indica cuales son los componentes del yo de cada quien que habrán de estar presente siempre en sus reacciones, pero no así la proporción en que intervienen en las mismas, y es ahí, precisamente, donde reside el problema. Porque las circunstancias están muy lejos de constituir un valor constante en la ecuación Orteguiana, sino que se comporta como un término variable, susceptible de adquirir valores distintos. Por eso aun cuando mi genuino yo siga siendo el mismo la resultante de mi yo personal se puede manifestar en formas distintas. Se me ocurre que si el agua tuviese conciencia y fuese capaz de contestar a mi pregunta ¿qué eres? seguramente que lo haría diciéndome que lo que está a la vista y sólo eso, agua, pero los que conocemos su composición química sabemos que es en puridad hidrógeno combinado con oxígeno en una proporción de dos a uno y que bastaría conque se aumentase ese último ingrediente en una parte más, para que se transformase en un producto nuevo de aplicación y efectos distintos, el agua oxigenada.

Somos dado a imaginar las circunstancias como algo fuera de nosotros mismos con las que nos vamos topando accidentalmente, siendo en verdad muy distinto ya que todo, absolutamente todo lo que puedo suponer, es capaz de erigirse en circunstancias; las cosas materiales de mi contorno y las inmateriales que creo con mi imaginación; mis motivos de alegrías y penas y las penas y alegrías de los demás. Ese innumerable conjunto de cosas pueden estar tanto en el mundo exterior como en nuestro mundo subjetivo y de resultar igualmente capaces de erigirse en causas condicionantes de nuestra conducta. Y no lo creemos así porque la vida es, las más de las veces, un continuo sucederse en el que nos repetimos sin querer hasta hacer habituales nuestras reacciones a los estímulos del medio, pero eso no basta para que dejemos de estar siempre expuestos al imprevisto, el que puede tener lugar indistintamente en la intimidad de la conciencia o fuera de nosotros, en la realidad circundante. Eso último es lo que ocurre cuando nos sorprende un hecho de la problemática social.

Nadie mejor que Durkheim ha estudiado lo que él llama modos colectivos de conducta los que, aun teniendo su origen en la conciencia individual, una vez creados adquieren presencia propia y así se nos representan independientemente de quien o quienes los hicieron posible como tantas otras cosas inanimadas del contorno. Yo, personalmente, no sé ni me ha importado saberlo, el origen de muchos de mis usos y algunas de mis prácticas, así como tampoco el por qué los he abandonado o sustituido, pero ciertamente no he sido yo quien he hecho ni lo uno ni lo otro, simplemente me he encontrado haciéndolo y aun, algunas veces, sin que lo crea apropiado ni me sea grato hacerlo. Mi sumisión a los impulsos ajenos en tales casos es conciente; sé que estoy adoptando una conducta que no puedo considerarla propiamente mia aunque no pueda decir tampoco que me haya visto conminado a adoptarla, porque cuando soy por mí mismo quien actúa no pierdo el sentido de mi identidad, ni aun cuando me someto, ya que entonces sigue siendo mi genuino yo quien opta libremente por rendirse.

Creo que fue Erich Fromm en su "Psicoanálisis de la Sociedad Contemporánea" quien hace una acertada distinción entre la autoridad manifiesta y franca como la que ejercen el Estado, los padres y maestros y la autoridad anónima e invisible de los hechos sociales. A esta última estamos sometidos todos por la sola razón de vivir en convivencia lo que, a mi juicio, es más que una forma de vivir una manera compartida de ser, desde el momento que cuantos convivimos dejamos de sentirnos enteramente quienes auténticamente somos y hasta en algunos casos llegamos a negarnos a nosotros mismos. Todo va a depender de la intensidad de las presiones a las que nos sometan nuestras circunstancias de vida en comunidad, porque así como no somos igualmente permeables a las influencias del prójimo y que resultamos más o menos dúctiles a dejarnos conformar por los dictados de la autoridad social, no todos tampoco disponemos de idénticos límites de resistencia. Rebazados ciertos niveles, el equilibrio psíquico acaba por romperse y llegado ese momento crítico dejamos de ser por completo quienes veníamos siendo. Tal cosa suele ocurrir cuando se enfrenta un hecho imprevisto de magnitud revolucionaria y esa fue, precisamente, la vivencia que hubieron de experimentar Pedro, Juan y Diego.

Yo también pasé por esa prueba y pienso que quizás solamente quienes la llevamos en la memoria seamos capaces de apreciar lo que ello significa. No, no es igual que se nos haga cambiar el ritmo de nuestros pasos por el trillado camino de la vida, a lo que estamos a diario expuestos, que el que se nos abra delante un abismo y, sin proponérnoslo, nos veamos trasladados a una nueva realidad. Es como si el ayer y el hoy se hiciesen de pronto términos opuestos e irreconciliables; como si todo lo que en derredor nuestro habíamos venido teniendo por permanente e inmutable se desplomase ante nuestra vista y tuviésemos necesidad de aprender de nuevo a vivir. He ahí lo que tiene lugar en los procesos revolucionarios, claro que me estoy refiriendo a las auténticas revoluciones y no a los otros muchos cambios sociales a los que inapropiadamente solemos dar el mismo nombre, porque una insurrección, una asonada militar, el desplome violento de un equipo de gobierno o el tránsito tumultuoso de un régimen de libertades políticas a una dictadura y viceversa, cosas éstas tan frecuentes en Hispanoamérica, distan mucho de constituir una ruptura de la continuidad histórica de la sociedad de que se trate. Salimos de esos trances convulsivos como antes de entrar en los mismos no importa el tiempo transcurrido; dejamos atrás una dictadura caudillista de veinte años sintiéndonos los mismos porque con todos los perjuicios que haya podido acarrearnos no ha interferido con nuestro modo de ser y conducirnos. Muy por el contrario, las auténticas revoluciones como la cubana, no se limitan a adueñarse de las riendas del poder político sino, también, de las riendas de nuestra personalidad, sus protagonistas pretenden cambiar no solamente las instituciones y sus mandos sino que nos colocan en el blanco de sus objetivos y aspiran asimismo a cambiarnos y lo que es más grave, alcanzan a lograrlo, si no en todo en buena parte, aunque nos neguemos a reconocerlo.

Así las cosas, a Pedro no le quedó otro remedio que fingir para sobrevivir y aunque no creo que hubiese ensayado antes sus aptitudes histriónicas tenía que ponerlas en práctica porque a él no le estaba dado ya el poder optar libremente. De haber seguido siendo quien proyectase su propia conducta habría empezado por resistirse a abandonar su casa, objeto de sus mayores afanes. Recuerdo con que orgullo hubo de mostrármela un día, la tenía casi pagada por completo y con sus propias manos la venía reparando y la había hermoseado con el jardinillo al frente y aquel su patio sembrado de jazmines y coronado con la copa de un frondoso mango.

No tenía la menor sospecha todavía de lo que le esperaba, al extremo de que me habló de sus planes de ampliación con vistas al probable matrimonio de su única hija; los quería retener consigo pese a que no simpatizaba del todo con su futuro yerno. "Usted sabe -me dijo- anda en eso de la revolución, aunque en el fondo es un buen muchacho". Para él como para tantos más aunque ya venía lloviendo mucho el agua no habría de llegar a anegarlo todo. Además, Pedro confiaba en que una vez celebradas las ya próximas elecciones cualquiera que fuesen sus resultados se extinguiría la causa de la mayor irritación pública que no era otra que la presencia física del Presidente Batista y la normalidad acabaría por restablecerse. El se basaba en las experiencias del pasado republicano, pero yo podría agregar que, además, le convenía pensarlo así. Todos nos inclinamos a poner la verdad del lado de nuestros intereses y los suyos habían estado siempre ligados a las lides electorales.

Desde muy joven Pedro no había dejado de participar en todas las elecciones ayudando a su candidato de turno, a quien llamaba en términos vernáculos "su gallo", y se vanagloriaba de haber escogido las más de las veces al ganador. No era en balde, ya que a su buen ojo de gallero aplicado a la política, debía el haber contado con empleo seguro y el que a su familia no le hubiese faltado nunca las comodidades a las que iba aspirando ni aun la más ambicionada de llegar a tener casa propia. Imagino cuán grande sería su desconcierto cuando tuvo que aceptar que no estaba soñando una pesadilla sino viviéndola en la realidad y que lo que pasaba a ser un sueño era cuanto daba antes por verídico, es decir, su ayer, incluyendo la opinión que se había formado de sí mismo.

Todo debió empezar por aquel día en que encontró señalada la fachada de su casa con el temido apelativo de "esbirro". No habría ya necesidad de explicarle lo que ello implicaba, porque era del conocimiento común; se trataba de una sentencia contra la que nada cabía oponer puesto que los fallos del tribunal invisible y anónimo de la opinión pública son inapelables, tanto más, cuando se emiten en momentos de máxima tensión emocional. Pero ese era sólo el comienzo del vértigo revolucionario en el que se vería envuelto y no tardó mucho en enterarse de que se había instituido el Ministerio de Recuperación de Bienes. Eso fue todo lo que necesitaba para experimentar la sensación de que las cuatro paredes a las que había quedado reducido su mundo dejaban de seguir siendo suyas, porque el sentimiento de propiedad no lo otorga ningún título, nos lo da la certidumbre de que nada ni nadie puede privarnos del disfrute y disponibilidad de lo que poseemos y damos por nuestro.

Debió ser por entonces que acerté a toparme con la esposa de Pedro, la buena mujer con los ojos llorosos y el miedo aflorándole al rostro me puso al día de cuanto había ocurrido. Recuerdo sus palabras: "si lo ve, doctor, no lo reconocería, da pena verlo, fueron muchas cosas juntas y acabamos por tener que mudarnos para aquí con unos parientes, nos lo recomendó el novio de nuestra hija ya que aquí, en la capital, nadie lo conoce y él mismo no quería comprometerse, dijo que lo perjudicábamos". Le pregunté por la casa que llegué a visitar, sentía una curiosidad tal vez morbosa por saberlo y no he olvidado su respuesta: "la ocuparon y lo perdimos todo tan pronto nos fuimos de allá, pero él no lo sabe todavía o acaso se hace el que no lo sabe, no podría decirle".

Cuando una sociedad se radicaliza al punto de quedar escindida en dos bandos el de los buenos y el de los malos no hay espacio libre para situaciones intermedias, incluyendo la neutralidad, la que no es como suele pensarse, una forma de no ser nada, antes bien todo lo contrario, una manera de ser ni lo uno ni lo otro. Por supuesto, que como el título de bueno se adquiere por adhesión, todos los que expresa o tásitamente no resultan adheridos pasan a ser malos por exclusión, y de ahí la importancia o mejor, la necesidad, de hacer pública ostentación de lo que somos ya que como a la mujer del César, no basta con ser bueno sino que hay que aparentarlo.

Traigo todo eso a contar pensando ya ahora en Juan, quien debió sentirse inclinado a no inmiscuirse en la gran polémica pública del momento por ser lo que mejor se avenía a su inveterado hábito de desentenderse de todo lo que no fuese la problemática de su propio hogar para la que hasta entonces no había hallado solución. Doy por seguro que creyó que no tendría que hacerlo nunca, sin embargo, llegado el momento en que la neutralidad política resultaba ya imposible no le quedó otro remedio que optar por uno u otro de los bandos en pugna y la elección no se le haría dudosa ¿cómo preferir ser incluido entre los malos y sufrir sus consecuencias pudiendo ser bueno y disfrutar de sus ventajas?

Tal vez entonces Juan se detuviera un momento a pensar qué significaba en verdad eso de ser bueno ya que descartaría la idea de que se trataba de una cualidad personal, siéndole evidente el que no merecían el calificativo de bueno todos los que venían ostentando ese título. Acaso, asimismo, le intrigaría el saber cómo resultaba posible convertirse en bueno, sin llegar a serlo, sólo por el hecho de coadyuvar a una buena causa y en pensando ésto se toparía con una última interrogante: ¿era esa causa en verdad buena? Aunque no creo que llegase a plantearse esta última porque no tendemos a plantearnos cuestiones que, de antemano, nos consta que no podemos resolver. El carecía de los conocimientos y datos suficientes y, además, preferiría no entrar en averiguaciones y seguir la línea de menor resistencia, eso al menos

nos dejaba entender con su comportamiento y con lo que sugiere la sentencia popular que aplicaba a su propio oficio y con la que solía evadir toda cuestión política: "tabaquero, a tus tabacos".
Sin embargo, pensándolo bien, no estoy tan seguro de que ese fuera su verdadero sentir. Algunos psicólogos en base a observaciones empíricas convienen en reconocer que solemos tener dos razones para explicar nuestra conducta: la buena razón que ofrecemos a los demás y la del motivo real que nos lleva a tenerla, lo que me hace caer en sospechas de que la que vengo aceptando como buena en el caso de Juan no fuera la auténtica. Tal vez todo se debiera a que se subestimara demasiado hasta perder la confianza en sí mismo y tuviese miedo de volver a equivocarse. En verdad no tenía motivos para suponer que habría de acertar en cuestiones políticas que no se había detenido nunca a explorar si en las que creía conocer bien, las de su vida privada, había venido siempre equivocándose.

"Mi vida ha sido un completo fracaso", así terminó por decirme el día que fuera a visitarme porque se sentía obligado a explicarme personalmente su retraso en el pago del apartamento que me tenía arrendado. Me contó su vida con exagerado lujo de detalles pese a mis esfuerzos por evitarlo; fueron tantas y tan dispersas las cosas que me contara que no podría repetírmelas, pero sí recuerdo que me dejó la impresión de que efectivamente no había sabido nunca escoger las apropiadas opciones que las circunstancias le iban presentando. Su mujer solía echarle en cara que todo se debía a su mala suerte sin percatarse, según él, que ella misma constituía una prueba de su poca fortuna. Pero el mayor desacierto debió ser, sin dudas, el matrimonio de su hija mayor; la había forzado a romper con su primer pretendiente sólo porque quería ser músico y andaba tocando de afición en una orquesta, sin reparar que el muchacho tenía aptitudes y ambiciones como logró demostrarlo.

Terminó, en unión con la madre, "metiéndole por los ojos" al hijo de un adinerado comerciante del barrio que la llevaba a pasear en su automóvil y que acabaría por abandonarla, "el muy canalla", embarazada. Juan tenía el nieto consigo y no olvido que por única vez en su largo recuento descubrí optimismo en sus palabras; parecía tener fe en el retoño. "Vale la pena el chico, es bueno y estudioso" fue todo lo que me dijo, pero yo acerté a ver más la esperanza de una compensación, y ahora que lo pienso mejor se me ocurre que eso pudo haber contribuido a decidirlo a incorporarse a la manifestación de aquel día. Acaso creyera que sumándose al bando de los buenos que resultaban ser además los ganadores, no ponía en riesgo el futuro de su nieto.

Y es ya ahora, cuando tengo paralelas las vidas de Diego y de Juan que caigo en cuenta que este último, a quien tenía por el más flaco de carácter, resultó ser el más fuerte de los dos. El confesaba sus desaciertos como el peleador puede reconocer sus derrotas, sin perder por ello el ánimo, porque si bien la fortuna no acompaña siempre al valor, el infortunio no nos priva necesariamente del mismo. Cuando Juan se vio obligado por las circunstancias del momento a abandonar su neutralidad política y a optar por uno de los bandos en disputa, no vaciló en hacerlo y si bien es verdad que se sirvió para el combate de armas ajenas fue porque había perdido la confianza en las suyas propias y porque temía más que nunca antes exponerse a una nueva derrota, simple cuestió de táctica.

Pedro, por el contrario, eludió el reto declarándose vencido de antemano sin que pudiera excusar su conducta, ya que no había sido como Juan un perdedor, lejos de eso, presumía de haber salido siempre airoso de todos sus lances, tanto de la vida privada como pública. Pudo optar libremente por resistir lo que equivalía a defender su pasado del que no tenía o no creía tener nada vergonzoso de que arrepentirse, pero no lo intentó, prefirió rehuir el lance y fingir lo que no era para poder seguir siendo quien había sido, cosa esta última del todo imposible.

El caso de Diego es otro y no podría asimilarlo al de los anteriores dado que él pertenecía ya a otro mundo a donde no regían las mismas normas de comportamiento. Nuestra individualidad no es tan simple como parece, porque a lo que genuinamente somos vamos agregando a manera de corteza o investidura la individualidad que nos configura el mundo al que pertenecemos. Esta última no es espontánea sino adquirida por adhesión y será más o menos prevalesciente en la medida que la adhesión resulte más o menos sincera y entrañable. Diego pudo ser considerado un rebelde sin causa mientras no ingresó en las filas revolucionarias, a partir de entonces ya tuvo "causa". El verdadero revolucionario no es el que está con la revolución sino el que se hace revolucionario lo que significa más, mucho más, que estar, así cuando decimos que somos revolucionarios estamos admitiendo implícitamente que hemos empezado a ser algo distinto a lo que veníamos siendo y de ahí también que tenga sentido hablar del mundo cósmico de las revoluciones, un mundo en el que está todo por hacer y que termina por rehacernos.

Diego no enfrentó el cambio social que se operaba en la sociedad cubana, de dentro a afuera; él no debió ver abrirse un abismo en la continuidad de su vida que tenía que salvar de una u otra forma, antes bien, hubo de ver el cambio que se avecinaba como la esperada solución al problema de su propia existencia y mientras para los demás era un encuentro con lo desconocido, para él era, por el contrario, un encuentro con lo buscado y esperado. Si, eso debió parecerle, una forma de llegar a su meta que no consistía en nada en particular, porque como él mismo decía no hacía falta ir a ninguna parte para querer llegar.

III

A propósito del miedo, su antídoto y otras consideraciones atinentes a los casos de Pedro, Juan y Diego.

Los tres acabaron por encontrarse juntos, codo a codo, gritando al unísono la misma consigna de ¡paredón!, ¡paredón!, eso es verdad, pero no obstante tengo que reconocer que hasta allí llegaron por muy distintos caminos. Juan, no hubiese entendido nunca las razones que Pedro tuvo para ir, ni viceversa y, por supuesto, ninguno de los dos habría convenido con las de Diego. Sin embargo, tengo también que reconocer que, pese a esas diferencias, tenían algo en común, algo que no podría pasar por alto ya que lo compartían también conmigo y con cuantos más tuvimos el infortunio de pasar juntos aquel periódo de tránsito revolucionario; ese algo no era otra cosa que el miedo. Claro que cada quien lo experimentaba a su manera y por sus propios motivos, lo que no hace al caso, toda vez que lo que importa aceptar es que nadie hubiera podido evitarlo como tampoco podemos evitar la sombra que proyecta nuestro cuerpo aunque si podemos cerrar los ojos para no verla.

No interesa si lo que tememos es verdadero o producto de la imaginación, dado que nuestro miedo es siempre real. Se trata de una reacción instintiva que genera la conciencia de que algún peligro nos asecha; un maravilloso radar que Dios ha puesto en nuestro complejo mecanismo mental para advertírnoslo todavía a tiempo.

Pero aún siendo así, cuando nos asalta el miedo nos resistimos a admitirlo, y es natural que eso ocurra puesto que estamos hechos a verlo como una debilidad inconfesable que asociamos con la idea de cobardía. Por eso, también, hacemos todo lo posible por convencernos que lo que experimentamos es cualquier otra cosa menos eso. A veces lo logramos, aunque sólo en parte, porque nuestro subconciente, sobre el que no tenemos gobierno, no se deja engañar y a veces nos delata. Sin dudas que muchos de los actos que atribuimos a otros impulsos del sentimiento tienen sus raíces en el miedo oculto que no confesamos sentir. Pasan por mi memoria muchos hechos históricos para cuya explicación se han aventurado las más peregrinas interpretaciones basadas en los estados anímicos o condiciones patológicas de sus respectivos protagonistas. Otto Ruhle, llega a atribuir el pensamiento revolucionario de Marx a la dispepsia que lo aquejaba y Adler, termina haciendo responsable de los trágicos acontecimientos del Terror, durante la Revolución Francesa, a la supuesta esquizoidia del incorruptible Robespierre. Puras especulaciones que, afortunadamente, han ido perdiendo crédito en la sociopsicología contemporánea. Sin embargo, se sigue subestimando o inadvirtiendo por completo la presencia, en ocasiones determinante, del miedo oculto en la conducción del comportamiento tanto individual como colectivo, especialmente, en situaciones sociales de cambio.

Los franceses idearon un nombre para el más sutil de los miedos, lo llamaron "peur de vivre", porque la vida es un constante riesgo de morir que vamos acentuando a medida que envejacemos. ¿Qué es el "petit pas" característico del caminar de los viejos? Si se lo preguntásemos a un médico, lo referiría a debilidad muscular o la falta de adecuada coordinación de los centros locomotrices y eso es verdad, aunque no toda la verdad, porque si ahondamos en la psiquis del anciano acabaremos por toparnos con el sentimiento instintivo de miedo que no cesa de representársele en la pantalla de su imaginación como el peligro de una caída, tal vez fatal, a su avanzada edad. Y es posible, también, que se nos confiese sin tener necesidad de averiguarlo dado que ese temor sutil no es motivo de vergüenza, incita la compasión y es, acaso, una de las pocas cobardías que nos son permitidas.

No hay mejor antídoto del miedo que el amor; sólo los que aman apasionadamente llegan a liberarse de él por completo, y ahí están para probarlo los mártires del cristianismo que optaron sin reservas por el sacrificio de sus vidas sin denotar señal alguna de flaqueza. Santa Teresa de Avila confiesa no ofender a Dios por temor a su divina justicia, sino por el amor que le inspira su hijo clavado por el bien de ella en la cruz. Todo eso pudiéramos atribuirlo a hechos milagrosos, pues si la Fe mueve murallas, claro que puede espantar al miedo, pero de ser así tendríamos que admitir, también, el milagro patriótico, porque la exhaltación del ideal patrio hace semejante la conducta del héroe. Hay asimismo en ellos una tan cabal entrega amorosa a su causa que los hace inmune al contagio del miedo; no, no es la valentía conque afronta los riesgos personales de su empresa lo que distingue al héroe, esa categoría la obtiene por otra vía, le viene dada por la justicia de la causa que abraza y por la amorosa incondicionalidad conque se le ofrece.

Pero esas son las excepciones, ya que los más distamos mucho de llegar a conducirnos como héroes o santos y no nos queda otro recurso que habérnosla con el miedo, llegada la ocasión, de acuerdo con nuestras limitadas posibilidades. Y ahí está lo peor, porque muchos de esos límites nos los ponemos nosotros mismos; son nuestras barreras morales, y es el caso, que no faltan quienes estén dispuestos a saltarlas hasta poner de manifiesto toda la maldad de que son capaces.

No creo que haga falta recurrir a ningún análisis psicopatológico para poder descubrir por simple transparencia a través de otros fabricados pretextos, la razón auténtica que guió la conducta criminal de un buen número de tiranos a lo largo de la historia. Y que mejor ejemplo me puedo poner que el de la justicia, a lo Castro, aplicada en la condena a muerte del General Arnaldo Ochoa, toda vez que no creo que nadie en su sano juicio pudiera aceptar como válidas las razones legales alegadas en el mismo; burdas excusas que no alcanzan a encubrir la real motivación de aquel asesinato, que a todas luces debió ser el deseo del tirano de deshacerse de un posible rival, aunque mejor yo diría, la de deshacerse de su miedo a perder el poder.

He ido, tal vez, muy lejos, tratando de darle explicación al miedo que por entonces todos experimentábamos y al decir todos, estoy refiriéndome no ya tan solo a los que temían por su pasado y a los que empezábamos a temer por el futuro, sino, también, a los que siendo dueños del presente temían perder el poder que disfrutaban y los que contribuyeron a que lo conquistaran sin saber que estaban anticipando la ruina del país.

A ese último grupo pertenecía Diego y por eso no dudo que también terminara por asustarse. Claro, que no lo estaría todavía cuando se unió a la manifestación de aquellos días de estreno revolucionario, lo iría comprobando a medida que se iban distanciando las metas de sus dos revoluciones, la que venía desarrollándose en el mundo exterior y la que tenía lugar en la intimidad de su propio yo. Debió ser en esa misma medida que comenzaría a sentir el temor de haberse equivocado de ruta, de hallarse de nuevo perdido, y si aquel no era el camino para escapar de sí mismo y llegar a ser el otro que se había propuesto, tendría que intentar otro ¿pero cuál? Pienso que, quizás, fuera así que pudo asaltarle la idea de unirse a los que levantaban el estandarte de la revolución traicionada ya que, en definitiva, él también podía considerarse traicionado. Entre frustración y traición no hay gran diferencia cuando no se quiere entrar en detalles de razones y objetivos y estos no estuvieron nunca bien definidos en la conciencia de Diego, porque en verdad no supo nunca lo que quería.

Claro que todo eso son meras especulaciones puesto que de mis tres conocidos es sólo de Diego de quien no he vuelto a tener noticias. Sin embargo, él pertenecía a ese tipo de individuos que pudiéramos llamar de personalidad transparente, quienes dejan ver sus intenciones a poca luz y al más corto de vista; hombre cuya conducta puede ser conjeturada sin temor a equivocarnos. Pero si todo ocurrió como lo vengo imaginando, cabe suponer, también, que no le acompañara la suerte en su nueva aventura contrarrevolucionaria y que, acaso, pagara con la vida al igual que tantos otros, su arriesgado intento. Ello explicaría el que no llegase a mí, en los muchos años transcurridos, ninguna información sobre su paradero. Si, mucho me temo estar en lo cierto ¡pobre Diego! qué lejos estaba de imaginar cuando pedía paredón para los adversarios de su causa de entonces que él mismo acabaría siendo otra de sus víctimas.

Pedro, en cambio, no obstante haber sido el más amenazado por las circunstancias navegó con suerte y pese a lo recio de los vientos logró mantenerse a flote, lo que vale tanto en términos revolucionarios como pasar inadvertido. Por supuesto que lo logró con la ayuda de su futuro yerno que le sirvió de piloto, aunque debo de reconocer que él puso mucho de su parte pues no es nada fácil tener que fingir ser quien no somos día tras día. Llegó a fingir, entre otras cosas, que estaba enfermo para eludir las exigencias de los trabajos llamados voluntarios y debió hacerlo tan bien que acabó por enfermarse de verdad. A partir de entonces sólo pensaba en escapar, fuera como fuese, ésto lo supe casualmente por intermedio de un sobrino suyo, ya hoy día, un rico comerciante de la ciudad de Miami. El mismo lo había traído en su embarcación junto con otros familiares en aquella oportunidad propicia que dio lugar a la arribazón humana del Mariel de 1980. Me agregó que lo había hecho sólo por lástima. No hacía mucho había muerto su mujer y le espantaba la perspectiva de tener que ir a parar a casa de su hija bajo el amparo del yerno comunista que decía despreciar.

"No debí acceder, total, ya estaba demasiado viejo y sólo pude conseguirle un empleo de guardián de noche en una factoría y no, por cierto, por mucho tiempo, porque apenas un año transcurrido allí mismo, en su lugar de trabajo, lo encontraron muerto de un ataque cardíaco", eso terminó por contarme. Yo creo, sin embargo, que hizo bien con escapar. Cuando sólo podemos vivir el presente, vivirlo añorando el regreso de nuestro pasado es una forma anticipada de ir muriendo y ¡cuánto más dolorosa la agonía si estamos condenados a ocultarlo! Si, yo entiendo la angustia de Pedro e imagino cuan grande sería su alivio cuando, al fin, se vio lejos del cementerio de sus recuerdos y libre de la mirada vigilante de sus sepultureros; claro que eso no le devolvía su pasado, pero, al menos, le permitía poder recordarlo sin temor y aún revivirlo contándolo tal como había sido, sin mentiras ni reservas. Debió parecerle un reencuentro con su auténtica personalidad y, acaso, sintiéndose enfermo y ya harto de simulaciones, prefiriese morir lejos pero siendo él y nadie más que él.

IV

Sobre como tendemos a actuar y el juicio de valor que merecen muchas de nuestras decisiones. Lo que debe entenderse por conducta ejemplar y por adaptación en el caso cubano.

Muchas otras veces me he encontrado pensando en el hecho de que no solemos medir toda la importancia de las decisiones que vamos adoptando; las más las improvisamos frente a situaciones de apremio, pero aún aquellas que hemos meditado por algún tiempo las tomamos sin tener conciencia de que es posible de que no estemos limitándonos a resolver una situación prevista, sino trazándonos el camino de lo que habrá de ser por algún tiempo nuestra conducta.

No lo vemos así debido a que cuando resolvemos hacer o dejar de hacer algo estamos partiendo del supuesto de haber encontrado ya la verdad que buscamos y, una vez que la aceptamos como tal, tendemos a aceptar también de antemano sen necesidad de ser revisado, todo lo que convenga con la misma y a rechazar cuanto se le oponga. Nuestra decisión inicial ha hecho saltar el resorte de la voluntad que nos pone en marcha y a partir de ese momento vamos a seguir una conducta la que estará representada no ya sólo por el acto decisivo que le da origen, sino por toda la reacción en cadena de los actos subsecuentes que constituyen su secuela. Eso estoy comprobándolo a diario en mis habituales caminatas. En efecto, cuando decido hacerlas porque creo firmemente que el ejercicio conviene a mi salud, escojo la oportunidad y la ruta más favorables y me pongo en marcha. A partir de esa primera decisión me veré obligado seguramente a cambiar el ritmo de mis pasos y a rectificar tramos de mi ruta frente a muchos imprevistos. Todos ellos van a implicar nuevas decisiones que iré tomando mecánicamente y que no habré de tener en cuenta ni acaso recordar porque no las medito ni considero tales decisiones.

Así tendemos a actuar en todos los niveles del comportamiento, tanto en lo nimio, como resulta ser mi habitual caminata, como en lo fundamental, por lo que podemos afirmar que si bien es verdad que somos nosotros los que nos vamos abriendo el camino que habremos de emprender, no lo es menos que una vez trazado, es el camino mismo y no nosotros, quien va guiando nuestra conducta. Y si he caído en pensar en todo eso es porque creo que ahí puede estar la explicación que no acertaba a encontrar del comportamiento de Juan a partir de aquella súbita e inesperada decisisón suya de tomar parte activa en el movimiento revolucionario. Cierto que no fue propiamente suya, dado que prefirió aceptar la que le ofrecían ya hecha, pero no importa ahora el cómo ni el por qué decidió hacer lo que hizo, puesto que una vez adoptada la decisión hubo de convertirla en su verdad ajustando a la misma su futuro comportamiento. A aquel primer paso por la ruta de la revolución triunfante habrían de seguirle otros pero él no se detendría ya a considerar si debería o no darlos.

Así fue que Juan no tuvo reparos en ir haciendo todo lo que iban exigiendo o simplemente sugiriendo los del Comité de Fábrica al que no tardaría en pertenecer, inclusive aquel curso anexo de doctrina marxista que le permitiría ingresar en el Partido. Ya imagino la impresión que habrían de causarle el conocimiento de tantas supuestas verdades de las que no había tenido antes la menor idea; especialmente debió hacer mella en su imaginación el tópico de la "plus valía" toda vez que le atañía como obrero especializado que era y, acaso, creyó poderla comprobar con su propia experiencia. Bien sabía él hasta que punto influye en la calidad y precio de los famosos "Habanos" la pericia del torcedor en el escogimiento y corte de las hojas, en la presión que con sus diestras manos va dando a las envolturas del capote y la capa y, en fin, a ese imponderable de amorosa maestría que sólo el tabaquero experto puede poner en su oficio. El no podría dudar de la presunta verdad de esa teoría y debió admitir como incuestionable que el salario que había estado recibiendo distaba mucho de ser equivalente al valor que incorporaba al producto de su trabajo; sí, sin dudas, era víctima de un robo sistemático. Claro que lo seguiría siendo porque sólo habría de cambiar de empresario y, en definitiva, daba lo mismo que le robara "Partagas" que el Estado...

Pero eso último no llegó tal vez a comprobarlo dado que muy pronto empezaría a ser recompensado en otra forma. Su lealtad al Partido y su larga experiencia en el giro de la tabaquería, fueron suficientes para poder pasar de la nómina de los obreros a la de los responsables de la industria, lo que si bien no le daba mucho mayor poder adquisitivo, le otorgaba en cambio una autoridad de la que nunca antes había disfrutado. Debió sentirse importante y seguro de que su mujer tendría que reconocerlo así sin que en lo adelante pudiese ya seguir echándole en cara su mala suerte, pero su mayor satisfacción tuvo que ser, sin duda, la que le proporcionaba la seguridad de no haberse esa vez equivocado; ya no tendría motivos para seguir temiendo por el futuro del nieto porque se había ido haciendo un presente cada vez más promisorio. Eso al menos alcancé a saber todavía a principio de los años ochenta, cuando tuve mis últimas noticias. Ya se había graduado de médico y estaba, por entonces, recién llegado de un curso de especialización en Varsovia para hacerse cargo de no recuerdo que nueva sala en un hospital de La Habana. ¿No excedía todo eso el nivel de las aspiraciones del abuelo?

En cuanto a Diego, cabe pensar que su drama íntimo consistió precisamente en lo contrario, en no poderse adaptar a la nueva realidad pese a que deseaba escapar de la precedente, y no podía hacerlo porque nadie puede encontrar lo que no está en el sitio donde lo busca y mucho menos cuando no se sabe a punto fijo en que consiste. El se equivocó viendo en la causa revolucionaria su propia causa y le sirvió sincera y entusiásticamente creyendo que se servía a sí mismo, y cuando comprobó su error no vaciló en seguirla buscando por la única vía expedita de la contrarrevolución. Pero como cayó el telón sin que supiésemos su desenlace, no queda más remedio que dejar a Diego en el limbo de la más radical inconsistencia, siendo a un tiempo mismo, según el punto de vista de cada quien, un traidor o un héroe. Yo, personalmente, me inclino a pensar que para él haya sido lo mejor encontrarse, sin procurarla, con la muerte, porque es siempre mejor morir de una vez con las ilusiones vivas que llegar al cabo a ese inevitable trance con sus cadáveres a cuestas.

Pero, ciertamente, no debió ser ese el caso de Juan dado que él tenía razones para pensar que había tomado la decisión acertada desde el momento que empezó a derivar de ella un buen saldo de provecho. ¿Por qué entonces tener que rectificarla? Esto, dicho así, sin análisis previo, puede resultar una verdad demasiado cruda para ser aceptada y descarto la duda de que merecerá ser calificada de ventajista por una mayoría de los que experimentaron aquella nueva realidad, incluyendo, desde luego, a no pocos de cuantos estuvieron por algún tiempo compartiendo esa misma conducta.

El hecho de que Juan pasara por alto los abusos de autoridad y las flagrantes injusticias que venían cometiéndose sin levantar airado su grito de protesta, no me autoriza a pensar que su comportamiento fuera todo lo contrario de lo que por entonces pudiese tomarse como conducta ejemplar. Lo creo así porque la ejemplaridad no es un valor abstracto que pueda concebirse en ausencia de las circunstancias del momento. En efecto, nuestra conducta se hace ejemplar cuando se ajusta al patrón que una colectividad considera el más adecuado y conveniente dentro del marco de las posibilidades existentes. No se trata, pues, de un ideal de perfección reservado a un limitado número de escogidos, sino de un modelo de conducta que se puede emular con sólo proponérnoslo, y de ahí, que tienda a hacerse el prevaleciente y que sólo se señale como demérito, por vía de contraste, el que se le oponga.

Si se aplica ese criterio a la realidad cubana de aquel período salta a la vista la imposibilidad de considerar la actitud rebelde como patrón ejemplar de comportamiento, y no solamente porque cualquier manifestación de inconformidad constituía, de hecho, una imprudencia temeraria cuando no un acto suicida, sino porque el nuevo orden tenía ya establecido su propio modelo de conducta social, radicalmente opuesto al precedente, el cual consistía en la obediencia ciega, incondicional, a los dictados del gobierno revolucionario. Cierto, que no faltaron quienes intentaran desconocerlo, pero no pasaron de eso, meros intentos que si bien merecen nuestra admiración y hacemos de ellos memoria, no por eso cabría calificarlos de ejemplares.   Ya tengo visto que tanto Juan como Diego optaron por ajustarse al nuevo patrón sin reservas, así como, también, por algún tiempo, el propio Pedro aunque este último no lo hiciese creyendo que era precisamente el modelo ideal. Da lo mismo, puesto que en definitiva no podría exigírsele otra cosa dadas sus personales circunstancias. En puridad sólo dos alternativas quedaban expeditas para cuantos estrenaban la nueva realidad: evadirla o adaptarse y no importa para el caso si la decisión hubiese de tomarse de buena o mala ganas. La primera, se consumaba con la fuga que equivalía al destierro, la segunda, implicaba la permanencia que habría de resultar forzosa para cuantos no pudieron optar por fugarse.

Conviene hacer notar que nadie aspira a adaptarse ni se lo propone; a esa condición social nos llevan las circunstancias, pero una vez adoptada, todos, los que tenían poco o nada que perder y sí en cambio mucho que esperar, así como los que ya sin reservas del pasado aspiraban sólo a sobrevivir, terminarían por confundirse en la práctica resignada y pacífica de un mismo estilo de vida. Eso es así, aunque no resulte aceptable para quienes desde cualquier situación en que se encontrasen seguían extrañando su ayer y confiando en la posibilidad de su reencuentro. Para ellos no era lo que se hacía sino lo que se sentía lo que habría de tomarse en cuenta y, de esta suerte, no importaba si durante el transcurso del día estuviesen acatando las órdenes del regimen y aún enforzándose en servirlo, si llegada la noche, en la intimidad y silencio de la alcoba, lo repudiaban de todo corazón añorando un porvenir distinto. Recuerdo a no pocos de ellos, ya en el destierro, asegurándome con sinceridad que no creo fingida, que nunca habían dejado de ser verdaderos contrarrevolucionarios.

Juan pertenecía al grupo de los adaptados por conveniencia aunque no supiese nunca que lo era, en su creencia de que lo estaba siendo por persuación, de cualquier manera, se daba el caso de que no tenía ningún pasado que añorar por lo que es de suponer que se echase a dormir tranquilo confiando en las promesas de un mañana mejor. Hasta cuando lo estaría haciendo y por qué lo dejó de hacer, no podría decirlo con certeza, ya que no he vuelto a tener noticias suyas desde aquella vez, pero caben conjeturas. Quizás, si con el tiempo viendo ya satisfechas sus aspiraciones con el nieto, al tiempo que comprobada en la experiencia la falsedad de muchas de las presuntas verdades del marxismo, empezara el balance de sus cuentas con la vida y llegase a la conclusión de que los saldos positivos que había logrado obtener no compensaban sus privaciones espirituales ni las estrecheces y limitaciones crecientes del vivir cotidiano. Tal vez, contribuyera mucho a eso último, la falta de libertad, y comenzara a sufrir de axficia, porque la libertad, como el aire mismo se respira y primero que el aire al cuerpo, satisface y vivifica el alma la atmósfera de libertad. Claro que no se lo diría con esas mismas palabras, pero da igual, ya que si no todos somos capaces de expresar bien lo que pensamos, si lo somos por igual para poder hacer lo que sentimos.

Debió ser seguramente entonces que empezara a abrigar la idea de escapar, tal como lo hiciera Pedro, aunque desde luego, aun de haber sido así, yo no podría identificar ambos casos desde el momento que Pedro escapó de una situación que le fuera adversa desde el primer momento, lo que significa tanto como hacerlo de una prisión y podría decir que huía de sus carceleros. Juan, por el contrario, de haber llegado a eso, no hubiera tenido a nadie a quien culpar porque había venido siendo, desde un principio, su propio carcelero.

Sin habérmelo propuesto creo haber encontrado una explicación a esa sutil y no bien comprendida diferencia entre el simple refugiado y el disidente, la que podría decirse que consiste en que mientras el uno no tiene de que arrepentirse porque siguió siendo quien era, el otro, el disidente, deja o cree dejar de ser él para empezar a ser otro distinto, lo que desde luego hace el caso mucho más traumático. Por supuesto que me estoy refiriendo a los auténticos disidentes, los únicos capaces de arrepentirse, dado que no faltan los que también por conveniencia llegan hasta simular su aparente arrepentimiento.

Comprendo que he estado mucho tiempo ensimismado en pensamientos que me han llevado muy lejos de mi punto de partida, y no dejo de reconocer tampoco que me he ido planteando muchas dudas e incurriendo en no pocos errores de apreciación. Quizás si entre estos últimos el más señalado haya sido el de elevar juicios anticipados sobre el proceder de mis tres personajes atenido a una cualquiera de sus distintas instancias, lo que resulta tan insensato como intentar explicarnos una fábula antes de conocer su moraleja. Pero no ha sido del todo un esfuerzo vano, y aun no teniendo la certeza de la autenticidad de algunas de las mismas, las tomo como buenas porque encajan entre si en perfecta correspondencia.

Claro que cada una de nuestras actuaciones constituye un hacer o dejar de hacer, es decir, un hecho en si, susceptible por tanto de apreciación crítica. Pero eso no nos autoriza a elevar conclusiones definitivas sobre todo un comportamiento en el que podrían influir no ya solamente los posibles cambios en las directrices de la conducta del enjuiciado, sino en el propio criterio de quienes lo juzgan. ¿No fue, acaso, el mismo Pedro que no vaciló en sumarse a las filas de los victimarios, quienes más tarde recibieron sus víctimas en las playas del exilio con los brazos abierto? Algo semejante, en esencia, debo pensar que ocurriese con los Juanes y los Pedros que no llegué a conocer.

Nada más aventurado que juzgar a priori; eso lo sabemos todos, pero no obsta para que caigamos en la tentación. Yo mismo lo vengo haciendo aunque me haya repetido que trato sólo de encontrar la explicación de una conducta, toda vez que cuando la doy por explicada estoy, en cierto modo, justificándola, lo que no pasa de ser un juicio. Así es como todos resultamos jueces, tanto cuando se trata de justificar nuestro propio proceder como cuando apreciamos el ajeno, con la única diferencia de que aplicamos reglas distintas. Pero no es menos cierto que en ambos casos nos tenemos presente; es decir, nos estamos viendo en la situación de nuestro prójimo y tendemos a perdonarle las culpas que nos son propias, en mayor o menor medida, de acuerdo con el grado de simpatía o antipatía que nos una o nos separe. De ahí la diversidad de opiniones que en cada situación puedan merecer las conductas de Pedro, Juan y Diego, y muchos de los que en algún momento hubieron de condenarlos terminen por absolverlos o viceversa.

Lo que tengo pensado en el orden de las relaciones individuales puede aplicarse al criterio público. En efecto, desde la perspectiva de cada persona la colectividad humana a la que pertenece es una entidad distinta con cuerpo y mente propias, capaz de acertar o equivocarse, de erigirse en su aliada o en su enemiga y por eso se siente apta para juzgarla de acuerdo con su criterio, que vale decir tanto como conforme a sus conveniencias. Consideramos equivocada la opinión pública siempre que se nos oponga y nos apoyamos en ella como sobre nuestros propios pies, cuando coincide con la nuestra. Así nos conducimos y no veo forma alguna de que podamos enmendarnos y por eso se hace aún más difícil juzgar la conducta individual vis a vis de la colectividad a la que pertenece.

Ahora advierto que ese es, precisamente, mi caso, ya que cuando veo a Pedro, a Juan o a Diego, no estoy viéndolos sólo a ellos, sino también a todos cuantos con comunes características personales compartían la misma situación, lo que, de hecho, equivale a juzgar a todo un sector de la sociedad tanto más cuanto que resultó ser el mayoritario, y yo me pregunto ¿quién puede atreverse a semejante cosa? Cabría responder que sólo podría hacerlo el tribunal de la opinión pública, pero eso no pasa de ser un recurso retórico habida cuenta que, de existir semejante tribunal, sus jueces serían hombres como yo, expuestos a los mismos prejuicios y flaquezas. Además ¿qué código de justicia habrían de aplicar? Y en todo caso, se trataría de un juicio en ausencia donde se hace imposible oír los descargos de cada uno de los encartados, que significa tanto como juzgar subjetivamente y sólo por las apariencias. Tal cosa, ni más ni menos, suelen hacer los historiadores, de donde resulta que la mayoría de las veces sus supuestas reconstrucciones de los hechos del ayer histórico constituyen en verdad, puras recreaciones.

V

Nuestro diálogo con las circunstancias. Cómo nos desarraigamos, árboles y hombres. La importancia de seguir viviendo.

El hombre, cada hombre, es un fin en sí mismo; nace para realizarse él, no para cumplir ningún fin social. El hecho de tener que vivir en sociedad y que ésta le imponga el cumplimiento de otros fines, no implica un reemplazo del propósito vital que es inherente a su condición humana. Dios nos hizo así, individuales, como hizo también distinta dentro de la unidad esencial de la especie, al resto de la creación. Pedro, Juan y Diego tenían muchas características comunes ¡quién lo duda! Ellos compartían buen número de ideas básicas sobre las cosas del contorno y la escala de valores por la que dejaban guiar sus conductas no difería fundamentalmente. Más todavía, por sus aficiones, preferencias alimenticias y otros hábitos de vida, no cabría diferenciarlos, así como tampoco, por el acento del habla y otros imponderables de gracejo y simpatía. Si, de fijo, los tres compartían con todos sus compatriotas una manera nacional de ser que llamamos cubanía y para la que estaban predispuestos por herencia pero que terminarían adquiriendo por convivencia, a través de un largo proceso de ósmosis. Esas comunes características de las que hacían ostentación, estaban y siguen estando latentes en el fondo plural de la vida colectiva que compartieron y que es como el caldo de cultivo donde se gesta la personalidad social; el "otro yo" que proyectan los pueblos y por el que se les reconoce y distingue.

Pero aunque vivamos inevitablemente en convivencia y el prójimo esté más cerca de nosotros de lo que pueda parecernos, al punto de poder afirmarse que todos llevamos un poco del ser ajeno en el propio, ello no debe llevarnos a la conclusión de que mi vida deja de ser únicamente mía, ni mucho menos, que pueda juzgarse como parte de un todo indiviso; es decir, por el comportamiento de los demás. No, la convivencia es sólo una forma de vivir nuestra propia y exclusiva vida. Por supuesto que podemos introducir cambios en el proyecto que hemos adoptado; cambios de metas, de intereses, de afectos, de hábitos y hasta de gustos; dejar de amar lo que creíamos hacerlo para toda la vida o viceversa, todo eso es posible, pero lo que si no podríamos nunca es dejar de ser quienes somos, en otros términos, discontinuar la unidad del genuino yo. Los llamados reemplazos o dualidad de personalidad de la que hablan los psicólogos son patológicos y no cabe tomarlos en cuenta. Decir "me siento otro" es, dentro de la normalidad, un contrasentido inaceptable ya que quien esa impresión experimenta sigue siendo él y no el otro que dice sentirse.

En suma, lo que en definitiva somos, lo que debe importar a la hora de decidir en justicia, no es la resultante de la combinación de nuestras sucesivas conductas, ni tampoco su suma aritmética, sino aquello que terminamos siendo, de ahí que tengamos que esperar aunque nuestra impaciencia lo contradiga, a que baje el telón del último acto. Esto tengo que tomarlo por verdadero y no basándome tanto en mis anteriores consideraciones como porque me lo dicta mi propia conciencia, lo único auténticamente mio que poseo, y se aviene perfectamente con mi firme creencia en el juicio final.

Comprendo lo difícil que se le hará aceptarlo a los que no tienen formada esa conciencia ni tampoco se hayan detenido a razonar sobre la autenticidad de lo que vienen admitiendo por verdadero a primera vista. Ver es creer, y a quien lo pusiese en duda le haría esta pregunta: ¿Cuál de las dos imágenes que alcanzamos a ver a través de las opuestas lentes de un anteojo es la verdadera, la aumentada o la disminuida? Seguramente que la respuesta sería que ninguna de las dos, pero supongamos que quienes las están viendo no saben que lo hacen por transparencia, mediante unas lentes que equivalen a nuestros prejuicios. ¿Cómo entonces convencerlos de que las alteradas imágenes que cada uno de ellos contempla no es la verdadera?

Nosotros, también, podemos estar prejuiciados sin saberlo y de igual manera nuestra reacciones de repudio o adhesión, de simpatía o desprecio y aun los propios juicios de valor que nos vamos formando sobre las actuaciones ajenas y sobre las propias, pueden resultar meras representaciones alteradas de la auténtica realidad. Pero lo grave está en que tomamos esas imágenes por verdades incuestionables sin presumir las consecuencias a las que ese error de apreciación puede conducirnos.

Nada mejor a ese respecto que traer a la memoria la conocida sentencia de Ortega y Gasset: "Pensar es sólo dialogar con las circunstancias". Estas, en efecto, nos incitan con sus preguntas a las que vamos respondiendo con nuestras acciones las que, a su vez, no son otra cosa que ideas en movimiento. Conviene aclarar que las dichas preguntas pueden provenir tanto de nuestro mundo exterior que llamamos contorno, como del mundo subjetivo que también nos interroga sobre las cosas que nos atañen exclusivamente a cada uno de nosotros, tales como sobre los giros que debemos dar a las relaciones familiares, a las aspiraciones que hemos venido alimentando o a las tentaciones a las que hemos ido cediendo. Esas preguntas, claro está, nos llegan hechas, pero las respuestas las fabricamos y la mayoría de las veces de forma improvisada, sirviéndonos de materiales que no extraemos de la cantera de la realidad sino que los tomamos por reales debido al mecanismo de falsas representaciones a que antes aludía.

La pregunta que Pedro, Juan y Diego se vieron obligados a responder en aquel trance imprevisto del proceso histórico cubano, provenía del mundo exterior y era la misma para los tres. Esa pregunta, que por su tono imperativo bien pudiera tomarse por un mandato, exigía una pronta contestación y podía expresarse como sigue: Tu presente, es ya un pasado sin retorno; o te adaptas al nuevo orden o tendrás que atenerte a las consecuencias, escoge.

Ya sé cuales fueron sus respectivas respuestas y debo reconocer que resultaron ser en cada caso las consecuentes con la específica situación de cada uno en el momento en que fueron interrogados. Pero sé, también, que a aquella primera pregunta siguieron otras que no se originaban ya en el común contorno que compartían sino en la intimidad de cada cual y que las mismas fueros contestadas igualmente de modo muy diferente, luego pudiera derivar como consecuencia lógica que el comportamiento colectivo de la sociedad cubana del momento, de la que ellos constituyen meras muestras, hubo de ser de análoga naturaleza plural.

Esa conclusión se ajusta perfectamente con el aserto básico en sociología de la pluralidad dentro de la unidad, pero pudiera mover, también, a preguntarnos el porqué no funcionó el principio de que una misma causa ha de producir inevitablemente los mismos efectos, toda vez que el hecho revolucionario que interrumpió la evolución ordenada y pacífica del proceso histórico cubano constituyó una causal única y nadie podría negar la diversidad y multiplicidad de sus impactos a nivel individual. La explicación debe encontrarse en que ese postulado rige en las leyes de la naturaleza y para las cosas inanimadas, pero no es aplicable en las ciencias sociales donde el sujeto de la reacción causal es el hombre. La sociedad humana dista mucho de ser un tejido; es decir, una combinación definida de elementos idénticos entre sí, tal como el adiposo o el sanguíneo. Por el contrario, cada uno de los componentes del cuerpo social tiene su propio comportamiento, su peculiar manera de reaccionar frente a los estímulos, apremios y exigencias del ámbito en que está inmerso. Esas diversas reacciones conforman la imagen que vamos proyectando sobre la gran pantalla de la sociedad a la que pertenecemos.

No, el hombre no es un prisionero de la colectividad humana que integra ya que puede mentalmente situarse fuera de ella para contemplarla, criticarla y hasta oponérsele aspirando a su reforma. Cuando decimos que el inglés o el francés es de ésta o aquella otra manera, estamos refiriéndonos a una resultante de experiencias individuales a través del tiempo. Lo mismo acontece con la cubanía que atribuyo por igual a las tres personas que vengo tomando como muestras. Se trata de valores predominantes y de tendencias que pudiéramos calificar de constantes en la suma del comportamiento colectivo, pero aun admitiendo que todos los cubanos, ademas de ser lo que cada uno es en particular, resultan ser eso otro que llamamos cubano, cabe admitir sin reservas que no todos tampoco terminan siéndolo por igual, los hay más cubano y menos cubano.

La homogeneidad en las sociedades al igual que en la naturaleza, es aparente y sólo se aprecia cuando disponemos de suficiente perspectiva. Los árboles del bosque se semejan más cuanto a más distancia los vemos y basta con acercarnos para apreciar que distan mucho de ser iguales, pero todavía entonces no seríamos aptos para distinguir por completo las características que los separan. Para eso, tendríamos que esperar a que algo, digamos, el imprevisto de un huracán, los ponga a prueba. ¡Cuán diverso sería el panorama que nos ofrecería el bosque si acertásemos a visitarlo una vez restablecida la calma! Desprovistos del follaje y quebradas sus desnudas ramas, nos sería ya imposible identificar cada árbol dentro de la monótona apariencia del conjunto. Y aunque muchos, acaso los más, se mantendrían erectos, no serían pocos los que abatidos por la furia de los vientos mostraran al descubierto sus ya inútiles raíces. Pero no nos vayamos a equivocar pensando que esos últimos fueron los más débiles, tal cosa equivaldría a juzgar sólo por las apariencias. Cierto que el mismo huracán se abatió sobre todos los árboles, pero no sobre todos por igual, dado que la experiencia nos enseña que la velocidad de los vientos puede acelerarse o disminuirse según los obstáculos que va encontrando a su paso, lo que hace que la situación específica de un objeto con relación a otro puede convertir al primero en blanco propicio. Además, los huracanes no se hacen únicamente temibles por sus vientos, las lluvias que los preceden y acompañan anegan el terreno sobre el que se precipitan hasta acumularse en determinados sitios. Así puede darse el caso que el suelo donde afincan sus raíces, quizás si los más vigorosos árboles, acabe por ablandarse haciéndolos vulnerables a las ráfagas de la tempestad.

Las sociedades están también expuestas a sufrir los embates de las revoluciones con su secuela de violencia y destrucción. Estas no difieren fundamentalmente de los huracanes por su origen, toda vez que, en definitiva, unas y otros, se deben a presiones o cargas energéticas opuestas y capaces de romper una situación de equilibrio, ya en la atmósfera, ya en la sociedad. Así como tampoco difieren por sus efectos, porque las huellas de sus impactos sobre árboles y hombres, distan mucho de ser parejos. De esto último pueden dar testimonio los que visitaron Cuba una vez restablecida la calma tras de haber pasado por la isla el huracán revolucionario. Difícil hubo de hacérseles seguramente el reconocerla y no tanto por hallar cambiadas sus instituciones y su tradicional estilo de vida, sino las propias personas que antes conocieran. No pocas de ellas ocultarían su pasado, ya porque les avergonzase o porque les comprometiese, da lo mismo; otras en cambio, se esforzarían en hacerles ver que siguen siendo los de ayer, aunque en la práctica se estén conduciendo en forma muy distinta, y algunos, por supuesto los menos, harían evidente su nuevo estado con sólo verlos o saber donde se encuentran.

Si, carece de base realista el afirmar que sabemos lo que fue una revolución porque conocemos sus datos históricos, dónde, cuándo y cómo tuvo lugar, dado que teniendo las mismas por sujeto al hombre sólo podemos decir que se conocen cuando son experimentadas. Y aun entonces sería aventurado el afirmarlo ya que se trataría de una apreciación puramente subjetiva que habría de diferir, sin dudas, de otras experiencias. No en balde hay tantas versiones de una misma revolución como sujetos las describen; la repetida frase "yo sé lo que fue porque pasé por ella" es una afirmación tan presuntuosa como falsa, desde el momento que no se pasa por una revolución como se atraviesa un paisaje, sino que es ella la que pasa por la intimidad de nosotros, lo que no es lo mismo.

Pero volviendo al paralelo del bosque con la sociedad y para que éste resulte más acertado, pudiera agregar que al igual que los árboles, los humanos echamos raíces en el terreno de la realidad conceptual que nos sostiene. Esas raíces estan constituidas por el repertorio de las ideas que hemos venido aceptando como verdades; las hay vigorosas, fundamentales y hay otras derivadas, secundarias. Las primeras representan las que solemos llamar convicciones o creencias como las nombra Ortega y Gasset, en tanto que las restantes más frágiles y sinuosas, equivalen a nuestros otros pensamientos, los que vamos construyendo más o menos improvisadamente sobre las cosas que nos fuerzan a formar opinión o a adoptar decisiones pero que no obstante, llegada la ocasión, podemos desechar o reemplazar sin que nuestra conducta básica sufra alteración alguna. Claro que unas y otras raíces nos alimentan con su savia y van conformando nuestra identidad por lo que pudiera decirse que nos mantienen erectos, con presencia propia, dentro de la boscosa colectividad a la que pertenecemos.

Ahora bien, todo eso no me debe llevar a pensar que no corremos también, como los árboles de mi paralelo, el riesgo de desarraigarnos y no precisamente por la violencia, la que aunque resulte capaz de separarnos de algunas de nuestras querencias, la patria, por ejemplo, puede que no alcance a hacernos renunciar a la esperanza de recuperarla. Lo grave está en que podemos también desarraigarnos sin darnos cuenta, por ablandamiento del suelo donde tenemos fijadas las raíces; en efecto, somos permeables a las incitaciones que todo cambio social trae consigo y podemos ir cediendo a ellas hasta hacernos vulnerables por completo. A ese proceso contribuye de manera apreciable además de los apremios del vivir cotidiano, la propaganda a que somos sometidos antes y después de experimentado el cambio revolucionario.

Cierto que no todos tenemos el mismo grado de permeabilidad, así como tampoco las raíces de las verdades dadas que han venido informando nuestra conducta han calado igualmente profundas en el suelo de la realidad subjetiva que nos sostiene y que por eso resultamos ser más o menos proclives a reemplazarlas o simplemente cambiarlas en el nivel que venían ocupando en nuestra escala de valores. En todo caso es un hecho que, a diferencia de los árboles que cuando se desarraigan mueren, los humanos sólo nos desarraigamos definitivamente cuando morimos, dado que somos capaces de volvernos a arraigar. Otro tanto harían los árboles si tuviesen conciencia, ya que entonces sabrían de la importancia de seguir viviendo y ese poderoso estímulo los llevaría a levantarse por sí mismos para hundir en el húmedo suelo sus desnudas raíces en busca de una nueva savia vivificante.

¿Qué cómo vamos reemplazando el repertorio de las ideas en las que veníamos apoyando la conducta? Pues empezando, claro está, por las más débiles y recientes, luego, si persisten las presiones, por las más vigorosas hasta terminar llegado el caso de hacérsenos imprescindible, por las propias convicciones, aunque no falten a quienes resultándoles inaceptable ese último trance prefieran dejarse morir. Eso está dentro de nuestras posibles opciones, pero la excepción no hace la regla y abundan las pruebas de que los más optan por sobrevivir. He dicho sobrevivir, no vivir. Fue sin querer, sin embargo, ahora que lo pienso, veo que es el término apropiado, pues cuando sobrevivimos no seguimos haciéndolo a plenitud de vida sino a marcha forzada, abrumados por el peso del cadaver de la otra vida que seguimos llevando a cuestas.

El viejo aforismo "dime con quién andas y te diré quién eres" tiene mucho de verdad y, parafraseándolo, yo diría también, tal vez con mayor dosis de verdad "dime en lo que crees y te diré como eres". Nos parecemos por nuestras creencias y nos parecemos más en la medida que compartimos un mayor número de las mismas. De igual modo nos diferenciamos cuanto más diverso resulta ser el inventario de nuestras ideas básicas, y siendo ello así, como indudablemente es, saltan a la vista las consecuencias que pueden derivarse de un cambio revolucionario cuando de pronto la mayoría de las ideas compartidas por una sociedad, su peculiar idiosincracia, pierden toda vigencia. Ello equivale a tanto como si a los jugadores de un torneo, digamos, de ajedrez, se les cambiaran sin previo aviso las reglas del juego, incluyendo el valor estimativo que vienen dando a sus piezas. Estos, por supuesto, harían patente su protesta y resolverían no seguir adelante la partida. Pero he aquí la diferencia: en el gran juego de intereses que constituye toda sociedad humana, esa decisión no puede ser contemplada porque los que imponen las nuevas reglas se han declarado ganadores y nos fuerzan a seguir jugando.

El hecho de que yo, individuo determinado, las considere inadecuadas e inconvenientes, no hace al caso, toda vez que basta y sobra con que un apreciable sector de la sociedad las acepte o aparente aceptarlas para que adquieran título de legitimidad y plena vigencia. De ahí que en lo sucesivo tenga que ajustar a esas reglas mi comportamiento o exponerme a que me penalicen, lo que puede significar tanto como llegar a ser descalificado como jugador. Claro que podemos preferir eso antes que ceder pero no puede exigírsenos, dado que, de hecho, equivaldría al absurdo de tener que renunciar voluntariamente a seguir viviendo.

Todos tenemos formadas nociones sobre el honor, la autoestimación, la lealtad, el civismo, la justicia social, entre otras muchas, así como también contamos con un repertorio de deberes a los que nos sentimos obligados a cumplir y de derechos de los que nos consideramos investidos; deberes para con Dios, la familia, la patria, etc. y derechos tales como pensar, decir y obrar conforme nos plazca dentro del marco de libertades individuales que de antemano hemos aceptado. Ese doble inventario de deberes y derechos lo compartimos con cuantos están adscriptos a nuestra cultura y conviven con nosotros en el seno de una determinada sociedad, pero la importancia relativa que le atribuimos a cada uno de los mismos puede diferir mucho respectivamente. Pedro, por ejemplo, reservaba a su patrimonio un lugar preferente, aun por encima de su propia estimación, de la que no tuvo reparo en prescindir cuando decidió vivir fingiendo quien no era. Juan, en cambio, estaba obsedido por la problemática hogareña al punto de desentenderse por completo de sus restantes obligaciones y de llegar a olvidarse de las libertades que había venido disfrutando así como de las privaciones que experimentaban los demas. En cuanto a Diego, podría decir que se autoestimaba tanto que vivía en función de su propio ego y ahí está para probarlo el hecho de haber puesto la revolución a su servicio y de sentirse frustrado sólo cuando pudo comprobar que eran otros sus fines.

Todos, también, tendemos a continuarnos pero he aquí que puede darse el caso, y eso fue lo que ocurrió cuando enfrentamos el hecho revolucionario, que tengamos necesidad imperiosa de descontinuarnos, que equivale a decir tanto como a reajustar toda nuestra escala de valores conforme a las prioridades de la nueva realidad. En llegando a ese extremo, tal vez muchas de las apreciaciones que no veníamos compartiendo con nuestro prójimo comiencen a sernos comunes y viceversa, lo que trae como consecuencia que la sociedad de que formamos parte deje de seguir presentando las características que la distinguían hasta llegar a hecerse irreconocible.

Por supuesto que no podemos cambiar nuestro proyecto de vida con la misma facilidad con que reprogramamos una computadora, eso es imposible y pienso que si esta última tuviese sensibilidad se resistiría a dejarse cambiar porque siempre cuesta el hacerlo y mucho más cuando nos viene impuesto. Experimentamos entonces una incómoda sensación de desajuste que puede ir tornándose en dolorosa, al punto de obligarnos a acudir a los analgésicos mentales llamados pretextos, capaces de aliviarnos o consolarnos, que da lo mismo. ¿Qué otra cosa sino remedios de consuelo resultan ser esas razones sin fundamento a las que echamos mano en trances de apuro para tratar de justificar lo inconfesable de muchas de las decisiones que vamos adoptando? Por eso, porque estamos bajo los efectos de calmantes mentales es que pasamos inadvertido el hecho de que vamos prescindiendo, uno tras otro, de muchos de los valores que pensábamos habrían de constituir ya para siempre pilares de nuestra conducta y, más todavía, que lleguemos al extremo de no tener reparos en seguir afirmando que la libertad constituye el supremo bien y que no sabríamos como vivir sin ella aun después de haber tenido que renunciar a la misma, precisamente, para poder ir sobreviviendo.

Si, todos, sin exclusión, llegado el momento preferimos vivir, y no otra cosa hicimos los cubanos cuando nos llegó el nuestro. Claro, que cada quien a su manera, con mayor o menor esfuerzo y desgaste moral, pero todos, aun aquellos que se rebelaron contra el nuevo orden porque si bien es verdad que no pocos se encontraron con la muerte en el fallido intento, no salieron en su búsqueda, por el contrario, iban al rescate de la vida que querían seguir viviendo. Otro tanto cabría pensar de los que se adaptaron a la realidad pensando que todo sería cuestión de acostumbrarse, y no andaban muy desencaminados como algunos llegarían a comprobar, porque visto está que nos podemos llegar a acostumbrar a cosas que parecen imposibles y entre ellas, a vivir sin libertad cuando de esa menguada forma de vida se van derivando otras ventajas materiales.

En cualquier caso, aunque sobrevivir sea sólo una forma de llevar adelante la vida, tengo que aceptar que la hace mucho más cuesta arriba y que los que logren superarla pueden aventurarse a suponer que nacen de nuevo. Viene a propósito a mi memoria una anécdota de la Revolución Francesa que hube de leer hace tiempo. Se refiere a una de sus víctimas inocentes a la que, años después de aquel trágico episodio histórico, hubo de preguntársele lo que hacía durante el período del terror. "Yo vivía", esa fue toda su elocuente respuesta.

Lo anterior puede tomarse por concluyente, pero no es así, toda vez que no siempre tenemos plena conciencia del tipo de vida que practicamos y de esta suerte lo que podemos creer, ya por costumbre, que es vivir, no merezca en verdad ese nombre. Entre mis muestras, pienso que acaso sólo Pedro estaba seguro de que supervivía. Juan, por el contrario, debió creer, al menos por algún tiempo, que estrenaba la verdadera vida. Y en cuanto a Diego, sospecho que no llegara nunca a preguntarse si vivía o sobrevivía, porque, tampoco, llegó a saber nunca en que consistía la diferencia.

VI

Donde se concluye que no hay contradicción en absolver y condenar a un tiempo mismo a Pedro, Juan y Diego. De mi sorpresa al encontrarme sentado, también, en el banquillo de los acusados.

Es tiempo de ponerle punto final a mis reflexiones tanto porque creo haber agotado el repertorio de las dudas que venían asaltándome sobre el comportamiento de Pedro, Juan y Diego sino porque la conclusión que debo tomar como definitiva la tengo ya desde hace rato a flor de labios. No, ciertamente, yo no puedo culparlos por lo que hicieron o dejaron de hacer a partir del momento que vieron interrumpirse la continuidad de sus vidas. ¿Qué condena podría imponerles por el solo hecho de tener que arreglárselas para seguir viviendo? Claro que cabe admitir que haya algo en la larga secuencia de un día tras otro que pueda hacerlos culpables, pero eso no sería de mi competencia el juzgar, toda vez que debo atenerme a la conducta pública que fueron adoptando respectivamente y que es lo que está en tela de juicio. Por las faltas de otro orden en las que pudieron incurrir, ya Dios les pedirá cuenta, pues sólo El es capaz de penetrar en la intimidad de las conciencias.

Sin embargo, no debo de pensar que quedan exonerados de toda responsabilidad. Por supuesto que no, a ellos les alcanza una cuota alícuata de la que compartían con cuantos integrábamos la sociedad cubana de entonces y la que no podemos descargar tranquilamente en las circunstancias, porque nos compete a todos y cada uno de quienes fuimos creándolas. Las circunstancias, en efecto, no tienen lugar por generación espontánea y las que dieron lugar al trance crítico de la revolución triunfante, las empezamos a crear desde mucho antes. En suma, cosechamos lo que habíamos sembrado, no hubo sorpresa alguna en la mies, lo sorprendente hubiese sido lo contrario; todo lo ocurrido tuvo lugar por simple e inevitable gravedad histórica.

TODOS SOMOS CULPABLES   PARTE I

Ahora advierto que he venido erigiéndome en juez y parte y que cuando terminé admitiendo la cuota de responsabilidad que a todos los cubanos alcanza, estaba implícitamente condenándome; es decir, sentándome, también, en el banquillo de los acusados. Y doy por seguro que muchos de los que estaban en mi lugar se resistirán a admitirlo. ¿Dónde está mi pecado? preguntarán a voces. ¿Acaso no soy una víctima de la propia situación de que me acusan? Pero yo no puedo caer en la trampa de ese equívoco sin dejar de ser sincero conmigo mismo, toda vez que por lo que ahora me acuso no es por incurrir en el gran pecado revolucionario, sino por haber contribuido a hacer posible esa tentación. A esto responderían también otros con nuevas excusas sobre su participación en la revolución misma, como si ésta careciese de antecedentes; como si se tratara de un fenómeno de la naturaleza sobre el que no teníamos control alguno, y ya imagino que aducirían en su defensa el engaño de que fueron víctimas, la traición con la que no contaban. Repetirían, una y mil veces, que la revolución, que resultó ser no era la que ellos contribuyeron decisivamente a producir. ¿Dónde está pues la falta de que me acusan? Terminarán preguntando, y a esto último yo podría contestar que estuvo precisamente en haber sólo creído que procedían bien; ese "yo creía" ha sido siempre el escudo de papel conque tratamos de defender nuestra irresponsabilidad.

No, no basta con creer que actuamos bien, hace falta llegar a saberlo a lo que no alcanzaríamos nunca sin tratar antes de averiguarlo. Eva también creyó lo que le decía la simbólica serpiente y no lo puso en tela de juicio, sencillamente, porque le convenía que tuviese razón; más aún, movió a su compañero de Paraíso a que lo creyera también. Pues así, ni más ni menos, ocurrió con nosotros; unos creyeron en la revolución por sí mismos, otros por inducción, pero todos sin que mediara ningún esfuerzo reflexivo. Y a bien seguro tengo que todos por igual hubiesen dejado de creer en el cambio revolucionario, es decir, hubiesen dejado de caer en tentación de haberlo considerado contrario a sus intereses o expectativas. Pienso que eso es ya bastante para que podamos decir sin reservas que todos somos culpables.

SEGUNDA PARTE

INTRODUCCION

He dejado a un lado para luego archivarla, aunque mejor haría con destruirla, la fotografía que trajo a la pantalla de mi memoria junto al ingrato recuerdo de aquella manifestación las imágenes de Pedro, Juan y Diego. Porque creía conocerlos no acertaba a darle una explicación satisfactoria al hecho de que estuviesen allí, y en su búsqueda me vi envuelto en un mar de dudas y contradicciones, aceptando y desechando conjeturas que los condenaban y exoneraban, hasta llegar a la extraña conclusión de que eran al propio tiempo inocentes y culpables. Inocentes, por lo que las circunstancias los llevaron a hacer aquel día, así como por cuanto más se sintieron obligados a seguir haciendo durante los años que les tocó vivir dentro de la nueva realidad revolucionaria. Culpables, en la parte alícuata de responsabilidad que les corresponde asumir en las grandes faltas colectivas de la sociedad a la que pertenecen.

De esa suerte de responsabilidad no nos absolvemos con la justificación que en cada momento podemos dar a nuestros actos individuales. La gracia divina también justifica al pecador y la especie humana sigue siendo pecadora. En lo que a mi personalmente concierne, debo confesar que mis reflexiones me enfrentaron sin sospecharlo con un caso de conciencia al saberme, también, culpable.

Pero, ¿en qué consistió esa otra culpa colectiva que me alcanza? Sin duda viene de muy atrás y que para hallarla hay que ahondar en el pasado común. Tal vez, se originó cuando nos dimos la independencia aún inconformados para poder asumir a plenitud los deberes y responsabilidades que la democracia traía consigo. Quizás, fuera ese nuestro pecado original.

Si, vale la pena el explorarlo, porque si es siempre doloroso cargar con una culpa de la que no podemos librarnos, la misma se agrava con no saber concretamente en que consiste ya que nos hace imposible un sincero arrepentimiento, el único medio de que podemos valernos para no reincidir en lo adelante en semejantes faltas.

I

Soñar no cuesta nada, lo que suele salir muy caro es tomar los sueños por realidad una vez despiertos.

Podemos soñar y revivir en la imaginación nuestros sueños, lo que si no se puede es llevarlos a la realidad con solo proponérnoslo. La nación libre y democrática, con todos y para el bien de todos, la que soñara Martí, sigue estando dentro del marco de las futuras posibilidades pero, ciertamente, no podía venirnos dada con el mero logro de la emancipación política de España. Martí mismo, con ser quien era, no lo hubiese conseguido porque el hacer milagros no está al alcance de la voluntad humana. Cuando iniciamos la vida independiente estábamos sólo ensayando un nuevo orden político lo que dista mucho de representar una nueva realidad social, ésta continuó siendo la misma de años atrás y la que continuaría imprimiendo al pueblo cubano sus peculiaridades características por muchos otros después.

¿Qué éramos antes de ser una República? Esto se da por sabido pero es bien que lo repasemos para seguir teniéndolo presente. Eramos una sociedad colonial basada económicamente en la esclavitud cuya total abolición tuvo lugar apenas 20 años antes de instalarse la República. Como era de esperarse, imperaba entre nosotros la división de clases; muy cerca de la mitad de la población estaba constituida, ya mediado el siglo XIX, por africanos importados y sus descendientes, los que ya en cautiverio o gozando de relativa libertad, vivían en la más completa segregación. La otra mitad, a su vez, tampoco representaba un cuerpo homogéneo, el régimen despótico y exclusivista a que por siglos estuvimos sometidos había ido ensanchando la grieta que separaba a gobernantes y gobernados hasta polarizarlos en segmentos de población opuestos y pugnantes: peninsulares e isleños. De esa pugna emergió el criollismo que fue más, mucho más que un desglose de la nacionalidad por razón del lugar de nacimiento, un incipiente sentimiento de identidad, la primera manifestación externa de lo que llegaría a constituir la cubanía.

Pero no adelantemos el proceso; empezada ya la gesta libertadora, todavía por entonces, el criollo seguía perteneciendo étnica y culturalmente al cuerpo social del que se desprendía, sus diferencias seguían estando enmarcadas fundamentalmente dentro de la problemática económica y política de la colonia. Contrariamente a lo que muchos son inclinados a suponer, el criollismo no surge como un movimiento de masas oprimidas, de abajo a arriba, sino al revés, de arriba a abajo. Fue el traspaso progresivo de los bienes raíces y medios de producción a manos de nativos, lo que da origen a un nuevo estrato social, el patriciado criollo y habrían de ser los miembros de esa minoría los que sacarían la isla de su condición de base militar y factoría económica para convertirla en una de las colonias más rica y próspera del mundo y los que, también, llegado el momento histórico, fraguaran su independencia.

Igualada en niveles de ilustración con el patriciado aunque un escalón mas abajo en lo que a recursos materiales se refiere, apuntaba ya en el último tercio del siglo XIX, la pujante clase media criolla. La última de las crisis económicas de la colonia que precipitó su desenlace y la devastación que trajo consigo la propia guerra de independencia, ampliarían los vasos comunicantes entre ambas clases hasta llegar en la República a fundirlas por completo.

El resto de los isleños, propiamente criollos, aproximadamente otro tercio del total, no tenía presencia propia en la vida pública del país, formaba parte de una masa indiscriminada y anónima llamada populacho o vulgo, destinada a desempeñar los más bajos oficios y menesteres de la sociedad los que compartían blancos, negros y mestizos libres, tanto en las ciudades como en el campo. Claro que había excepciones; no faltaban artesanos que se hacían pagar su destreza, ni virtuosos que sobresaliesen especialmente en la poesía y en la música pero ellos no pasaron de ser eso, meras excepciones. Así, cuando dentro o fuera de la isla se hablaba del país cubano se traía a la memoria junto al paisaje tropical de su variada y rica naturaleza, todo ese otro contrastante paisaje de su compleja y fea realidad social; a peninsulares e isleños, blancos y negros, ricos y pobres, educados y analfabetos. Pero cuando se hablaba del cubano, de sus facultades y aptitudes, de sus apremios y logros, de sus aspiraciones económicas y de sus ideales políticos, entonces, sólo se traía a la pantalla de la imaginación al criollo ilustrado apenas un 20% de la población total que todavía al cese de la dominación española sobrepasaba apenas el millón y medio de habitantes. Y se explica que tal cosa ocurriese, porque era un hecho que esa exígua minoría constituía la única porción del cuerpo social que se hacía ostensible; era el solo pensamiento, la sola voz, la sola voluntad a tomarse en cuenta. Ella pensaba, hablaba y actuaba por todos los cubanos. Pero se dio el caso que con el logro de la independencia esa realidad experimentaría un cambio radical ya que a partir de entonces la minoría criolla que tan decisivo papel venía jugando en la colonia dejaría de pensar, hablar y actuar a nombre y en representación de todos los hijos del país porque éstos quedaron investidos del derecho de hacerlo por ellos mismos, directamente, sin necesidad de intermediario alguno. Por supuesto que esto último no nos debe llevar a suponer que desaparecería como sector dominante dentro del complejo social, ni mucho menos, que perdiera el control del desarrollo económico del país ya que con el nuevo nombre de "clase pudiente" seguiría manejando sus recursos financieros con renovado espíritu de empresa.

Se repetiría en la República el mismo engañoso fenómeno de progreso integral que se había dado en la Colonia, un progreso limitado de hecho a la estructura externa de la sociedad, a lo que hay en ella de material y tangible porque las sociedades como los témpanos que flotan sobre la superficie de las aguas, mantienen sumergida la mayor parte de su masa, la fundamental, de la que en definitiva depende su estabilidad. Así fue que en el curso de unas pocas décadas de vida independiente, el país cambió casi por completo de fisonomía; se explotaron nuevos recursos naturales y se aumentaron considerablemente tanto las exportaciones como las importaciones de bienes de consumo. Se hizo más ya que también se sanearon las poblaciones, se construyeron nuevos hospitales, se dejaron abiertas las puertas a la inmigración española que mucho hubo de contribuir a nivelar el desbalance demográfico y a impulsar el comercio y la industria. Esos logros son innegables pero sus efectos beneficiosos no incidieron en la infraestructura social lo suficiente para modificarla, aunque sí nos dieron la falsa impresión de haber dejado definitivamente atrás la etapa colonial, en otra palabras, que constituíamos ya una nación cuando, en verdad, ésta estaba todavía en fase de proyecto.

El progreso económico se hace siempre aparente; puede medirse y expresarse en cifras, nos viene dado en cada país por índices reveladores que han de servir para situarlo en el lugar que le corresponde dentro de una escala de desarrollo preestablecida.

No ocurre lo mismo con los niveles de suficiencia y estabilidad sociales, éstos se presumen siempre altos en los regímenes de factura democrática y sólo los hechos nos lo dan a conocer inequívocamente a través de las reacciones colectivas, de la conducta de cada pueblo en las pruebas a las que lo somete su propia problemática. La cadena de errores en que fuimos incurriendo hasta el último eslabón donde se rompe la continuidad histórica de la República, constituyen una demostración inequívoca de nuestra inmadurez nacional. Pero estábamos demasiado entusiasmados con el juguete nuevo; demasiado atentos a los incidentes del apasionante juego político para reparar que íbamos levantando la estructura del Estado sin consolidar los cimientos de la nación.

Y ¿en qué consiste eso de ser nación? Se ha intentado definirla de muy distintas maneras sin que, en verdad, ninguna de esas definiciones haya logrado prevalecer. Para Renán, por ejemplo, es como un constante plebiscito, la expresión siempre renovada de la voluntad popular. Ortega se adhire a esa idea pero le añade un elemento nuevo, la función de futuro, es decir, la necesidad de realizar juntos la tarea del porvenir. J. T. Delos cree encontrar su génesis en la comunidad de conciencia y más propiamente, tal vez, en la conciencia de formar una comunidad.

Me inclino a pensar que en eso último, tan sencillo aparentemente, radica la diferencia fundamental entre pueblo y nación, porque mientras somos sólo pueblo sabemos que vivimos juntos, que experimentamos iguales situaciones pero no así que constituimos un cuerpo social que viene a ser como una proyección de nuestra propia naturaleza individual, un otro yo colectivo con apremios, angustias y anhelos. Cuando aludimos a la nación decimos "nosotros" porque nos sabemos incluidos y en cierto modo supeditados, ya que no la tomamos como pertenencia sino, por el contrario, como una dependencia.

Cabe ahora reflexionar sobre la manera o el medio de dejar de ser pueblo para convertirnos en nación y aquí, también, abundan los criterios. Max Scheler nos pone la pista cuando introduce en el proceso como factor determinante el recíproco asentimiento, lo que él llama un "mutuo comprenderse". Pero es el caso que para llegar a comprendernos tenemos primero que entendernos lo que no se consigue únicamente hablando el mismo idioma, ya que hace falta también compartir un inventario de ideas básicas, una forma común de enfocar la vida y valorizarla. Sólo entonces podemos ya discrepar en muchas cuestiones sin dejar por ello de coincidir en lo que más importa y conviene al cuerpo social del que nos sabemos formar parte.

Habitar el mismo espacio geográfico, respirar el mismo aire y disfrutar del mismo sol, no nos ata la conciencia, así podemos vivir por muchos años y hasta por siglos sin llegar a entendernos. No es suficiente tampoco que el acontecer histórico nos reúna y agrupe en la consecusión de un propósito común, tal como hubo de ocurrir en Cuba durante el proceso independentista, porque los sentimientos agitados por la pasión patriótica como las aguas en trance de tempestad una vez restablecida la calma vuelven a su nivel.

Si hubiese preguntado a cualquiera de los que por entonces estrenaban la República si se sentía cubano me hubiese contestado sin vacilar que sí, aunque en verdad, no estaba respondiendo a mi pregunta ya que lo que decía sentir no era la nación cubana sino la patria cubana, términos que aunque se emplean indistintamente no significan lo mismo. Pasa con ellos algo semejante a lo que con los verbos auxiliares ser y estar; decimos que somos alegres o que estamos alegres y parecemos decir lo mismo. Sin embargo, lo primero indica una condición, una constante del carácter, una forma de ser. Lo segundo, en cambio, denota circunstancia, sólo tiene lugar si otras condiciones concurren. La noción de patria no necesita complementarse, la forjamos nosotros a golpes de emoción, la ideamos con representaciones mentales, con recuerdos y pensamientos propios o sugeridos, con propias o ajenas vivencias, por eso podemos llevárnosla cuando nos

desglosamos del grupo humano al que pertenecemos, por eso podemos ser más o menos patriotas y, en fin, cambiar de nacionalidad y seguir manteniendo vigente y aun exaltado el patriotismo. Para sentir la nación, en cambio, necesitamos estar formando parte de una comunidad, inmersos en su problemática, sólo entonces podemos experimentarla como un desdoblamiento o proyección de nuestro yo y considerarla a cabalidad, nuestra.

Pensar que nos convertiríamos de súbito en un pueblo demócrata, respetuoso de las leyes y amantes del orden cuando jamás antes habíamos practicado la democracia y nos habíamos acostumbrado a burlar siempre que pudiéramos las leyes porque nos venían impuestas y a odiar el orden imperante porque era lo patriótico, resultaba en puridad un absurdo. Sin embargo, eso fue lo que hicimos, suponerlo posible. En ese error incurrieron, sin excepción, todos los patriotas del 68 y del 95; la cuestión cubana adquirió ante sus ojos una simplicidad admirable, independencia o muerte, y a la conquista de esa meta alucinante se dieron sin reservas, seguros de que el logro de la libertad política constituia un remedio milagroso capaz de sanar de raíz todos los males de la colonia y de satisfacer todas las aspiraciones de la naciente nacionalidad. Ocurrió así lo inevitable, el gesto patriótico antecedió a la integración cabal de la conciencia nacionalista y la insurrección victoriosa dio por terminado un proceso que, en verdad, estaba sólo en sus inicios.

"Hay que estar en forma para las reformas" dijo un pensador nuestro Enrique José Varona y cuánto más habrá que estarlo añadiría yo, cuando se trata de una reforma fundamental, de las que hacen época en el proceso histórico de un pueblo. Pues así nos hicimos a la vida independiente, aún inconformados para valernos por nosotros mismos, y no sólo porque nos faltase experiencia, lo que mal que bien puede adquirirse pronto, sino conciencia de las responsabilidades y deberes que la emancipación política de España nos traería consigo. Pues aun aceptando que no estuviese ausente del todo en las minorías ilustradas de la colonia sería absurdo suponer que ese estado de conciencia cívica prevaleciese en sus grandes mayorías populares analfabetas, constituidas en buena parte por africanos de origen recién libertados y sus directos descendientes, negros y mestizos que, aunque criollos por razón de nacimiento, distaban de serlo todavía por filiación cultural.

Con tales antecedentes no puede resultar extraño que la improvisación y la arbitrariedad caracterizara el manejo de los asuntos públicos durante los primeros años republicanos; que política y realidad social se mantuvieran en el más completo divorcio, que no se organizara el Estado de fuera a adentro sino de dentro a afuera, del yo quiero y yo mando, al ya es, y que en suma, el destino del país estuviese siempre expuesto a un golpe de astucia o de fuerza sin otro remedio cuando a esos extremos se llegaba que el del empleo de análogos procedimientos ilegítimos, esta vez, con la intervención manifiesta o velada de la vigilante nación vecina.

II

Se puede amar la democracia, luchar por su implantación y hasta morir por su causa sin llegar a ser demócrata.

Gustave Le Bon, no recuerdo de fijo si en su " Psychologie Politique" o en su "Psychologie de la foule", después de un apresurado esfuerzo por tratar de explicarse el confuso y turbulento proceso republicano de la mayoría de los países de Hispanoamérica, optó por desistir del empeño inútil considerándolos, sencillamente, ingobernables.

Yo pienso que desistió a destiempo y probablemente porque el tópico no le era familiar. La realidad de esa parte todavía cósmica de nuestro continente la conocía el sociólogo francés sólo por referencias, es decir, a medias y, acaso por eso, prefirió cortar por lo sano. Sin embargo, de haber insistido seguramente que hubiese podido llegar a comprobar que era, precisamente allí, donde mejor aplicación encontraba lo que él dio en llamar la lógica del sentimiento; una forma de dejarnos guiar que no se compadece en lo absoluto con la silogística de Aristóteles, antes bien, eminentemente emocional, impulsiva y errática.

Claro que no debieron parecerle gobernables en el rigor del término los pueblos de Hispanoámerica tomando como modelo las bien conformadas naciones de la vieja Europa. Gobernar es conducir, implica el propósito de alcanzar un fin realizable, de cumplir con lo previsto conforme a un ordenamiento también dado, es, en suma, dirigir metódicamente la conducta propia o colectiva. Se le tiene por arte de posibilidades y yo pienso que se asemeja mucho al arte de modelar. El más simple alfarero también gobierna el material de que se sirve y tanto en alfarería como en política no se puede lograr ninguna obra perfecta sin contar con una masa moldeable adecuada; es decir, homogénea y consistente. Ese símil lo explica todo porque ¿cómo pretender una buena obra de gobierno con un pueblo heterogéneo, inasimilado y sin la consistencia que sólo puede darle la plena conciencia de constituir una unidad nacional? Hay cosas que están más allá del alcance de nuestra voluntad porque escapan del marco racional de las posibilidades. La conquista de la independencia a la que se dieron los cubanos con tanto ardor y a costa de tan ingentes sacrificios constituia una ambiciosa meta pero estaba dentro del campo de lo posible, y por eso, pudimos salir del coloniaje y dejar instalada una República.

Lo que sí no pudimos conseguir porque era irrealizable fue que en esa flamante República funcionara una genuina democracia. Nadie hubiese podido conseguirlo dado que nadie que yo sepa ha podido construir algo sin contar desde antes con la materia prima indispensable y ¿cómo edificar una democracia con solo planos e instrumentos, una democracia sin demócratas?

No se puede, claro está pero no por ello ha dejado de intentarse muchas veces, y a la vista están los resultados. Tal vez la explicación de la mayoría de los fracasos hay que buscarla en el hecho de que ni unos ni otros, ni los que proyectan ni los llamados a practicarla se detienen a conocer el verdadero significado y a medir todo el alcance de esa alucinante fórmula política. En ese sentido lo primero que importa hacer es separar sus dos componentes: la idea democrática y la técnica democrática.

La democracia como ideología es un principio de convivencia cuyos pilares fundamentales fueron el Cristianismo y el humanismo, filosofías ambas que desde ángulos distintos convienen en situar al individuo en el centro de la creación. Ese principio hace su aparición en la escena del mundo del brazo de las nociones de dignidad plena del hombre y de respeto a sus libertades inmanentes, lo que imparte a la idea democrática un contenido moral y un sentido trascendente ya que no se trata sólo de la libertad como derecho, sino como deber de convivencia; de la libertad del hombre que se ha hecho capaz de comprender y reconocer el derecho ajeno como freno y límite del suyo propio, y aún mas, de asociarse espontáneamente con sus iguales para la consecusión y defensa de los comunes intereses. Esa idea no nos viene dada con la papeleta de inscripción en un partido de filiación democrática; a ella nos vamos conformando a través de un proceso siempre largo de superación individual que termina cuando la incorporamos definitivamente al registro de nuestros otros deberes morales, aquellos que cumplimos de propia voluntad sin necesidad de que lo dicte ninguna ley escrita.

El otro término de la fórmula democrática tiene un carácter eminentemente técnico y está destinado a hacer practicable la idea que la misma contiene. La división de poderes, el régimen de representación congresional, el voto universal y secreto, entre otras instituciones y procedimientos electorales en uso, son parte de un complicado mecanismo que aunque semejante en líneas generales, cada país ha ido tratando de perfeccionar en base a sus propias experiencias. Y he aquí ya una fundamental diferencia entre ambos términos, pues en tanto los medios de que se sirve la democracia pueden y suelen variar, la finalidad que persiguen, la realización de la idea democrática, es intrínsecamente una aspiración invariable. No hay, no puede haber una democracia a medias, lo que si abundan son los regímenes que sólo tienen de democráticos la estructura.

Es un hecho que el nuestro no pasó de la fase experimental lo que no fue óbice para que lo diéramos por logrado, y lo que es más, para que sigamos imaginándolo. Eso es parte de la idiosincracia del cubano; una constante de nuestro modo de ser colectivo que nos hace suponer que con los dones que la naturaleza dio a nuestro país fuimos dotados sus hijos también, entre otras gracias, con la del invariable acierto. En efecto, nos resistimos por instinto a admitir que nos hemos equivocado y cuando el error es evidente, lo atribuimos a causas que nos son ajenas, jamás a nosotros mismos. Y ¿cómo entonces reconocer que no solamente no llegamos a constituir una auténtica democracia sino que hicimos todo lo bastante para malograr los medios de poder seguir intentándolo?

No, eso seguiremos sin aceptarlo porque, además, lo consideramos antipatriótico. Tomamos la conocida frase de Martí "Nuestro vino es agrio pero es nuestro vino" fuera de su real sentido de aceptación de los hechos, presupuesto básico de los implícitos deberes de enmienda y superación, para darle la errónea interpretación literal de que el vino agrio es el mejor por el solo hecho de ser cubano. Tal cosa puede parecer absurda pero no deja de ser cierta, y yo mismo me veo contagiado al punto de sentirme cohibido de decir en público, por ejemplo, que Varadero no es la playa más linda del mundo por temor de ser tomado por mal cubano...

Resumiendo, podemos afirmar sin reservas que si bien algunos sistemas de gobierno pueden llevarse a la escena política sin previo ensayo no ocurre así con la fórmula democrática, ya que la idea que la inspira no puede realizarse sin la generalizacion previa de un estado de conciencia pública capaz de comprenderla, aceptarla y practicarla. Para lo primero, comprenderla, se precisa de niveles promedios de ilustración relativamente elevados; para lo segundo, aceptarla, hace falta un sentido ético suficiente para llegar a incorporarla al repertorio de las obligaciones individuales que consideramos inherentes a nuestra condición humana, y, finalmente, para practicarla, se hace imprescindible su ejercicio continuado por varias generaciones hasta hacerse del comportamiento democrático un hábito de vida.

Esos prerrequisitos de fijo que no se daban en la realidad cubana cuando estrenamos la República, aunque no falten los que aleguen en contrario el hecho de que tanto antes como después de establecerse aquella, no escaseaban los hombres de altas virtudes cívicas capaces de parangonarse con los de las más desarrolladas y cultas sociedades de la vieja Europa. Eso es innegable, pero no desmiente lo que he dado por cierto, toda vez que la democracia es, por definición, un régimen de mayorías, especialmente diseñado para que fueran precisamente esas mayorías las que decidiesen el destino de la sociedad y consecuentemente, también las que terminen imponiéndole su impronta característica. Esto último explica el que haya tantos estilos democráticos como pueblos practican el sistema, y, desde luego, que en el uso en muchos países de Hispanoámerica sólo se parezca al inglés o al suizo, por ejemplo, en lo formal y externo de sus métodos e instituciones.

Pero comenzamos dejándonos seducir por las formas, porque necesitamos de cosas concretas para visualizar las ideas, tanto más cuanto más abstractas. La humanidad practicó la idolatría desde mucho antes de iniciarse en creencia religiosa alguna; vale decir, de aceptar como verdad lo que no alcanzaba a ver con sus propios ojos y tocar con sus propias manos. La democracia es una de las mas elaboradas fórmulas de la filosofía política y por igual no hubiese ganado tantos devotos entre las masas ignorantes de no habérsele dado una atractiva apariencia formal. ¿Puede haber algo más sugestivo que representarla como el derecho del pueblo a erigirse en su propio gobernante? Claro que llevada así al mercado de la opinión pública la democracia tiene una venta asegurada, pero se está comprando sólo por su envase y doy por seguro que si sus vendedores hiciesen hincapié en las obligaciones implícitas en esa fórmula de convivencia, en lo que conlleva de cesión y renunciamiento, lo que su ejercicio exige de todos y cada uno de cuantos lo aceptan como derecho, los más se resistirían a comprarla.

De ahí que se pueda defender la democracia, luchar por su implantación y hasta morir por su causa sin saber en verdad de qué se trata y mucho menos, desde luego, que se puedan tomar necesariamente como demócratas a quienes todo eso sean capaces de hacer. Eso ocurrió cuando hubo de proclamarse el nuevo orden republicano en Cuba. Creímos ingenuamente que como habíamos pagado a tan alto precio el collar nos darían al perro por añadidura, y lo que es aún más grave, lo seguimos creyendo por muchos años, hasta llegar a quedarnos sin lo uno y sin lo otro, es decir, sin democracia y sin República.

III

No vivíamos los cubanos tanto de la política como para la política; caímos en sus brazos al igual que en el vicio, primero por novedad luego por adicción.

Visto así, desde lejos y con la perspectiva de conjunto que ya ahora dispongo, sin duda podría afirmarse que nuestros primeros intentos para llevar la democracia a la escena política no fueron nada satisfactorios, pero ese no era ciertamente el punto de visto de a quienes les tocó en suerte vivir la realidad de aquellos primeros años republicanos. Ellos veían las cosas de otra manera, creían sinceramente que todo el quehacer democrático consistía en eso que venían haciendo y lo pensaban de buena fe, porque carecían de la experiencia y la información necesarias para verificar el error en que incurrían. Tal vez no les faltara quienes trataran de hacérselos saber pero en cualquier caso hubiese sido inútil, dado que los ensayos que venían teniendo lugar resultaban demasiado atractivos, y si bien era cierto que había desaliño en los personajes, mezquindad en los detalles y torpeza en la tramoya escénica; si todos podían advertir la trampa grosera y más que a los actores se oía al apuntador, poco importaba, eran "cosas de la política" que había que pasar por alto.

Se ha hablado mucho del embrujo de la política refiriéndose a la ambición de poder y al afán de notoriedad y fama que suele prender en sus seguidores, pero si bien es verdad que tales estímulos no han estado ausentes entre nosotros, la atacción que los trajines políticos llegaron a ejercer sobre el pueblo cubano era de otra índole, tocaba a otras cuerdas de su sensibilidad. Nos hechizó la política por sí misma, nos sedujo como espectáculo, como juego de azar, como riesgo, nos dejamos fascinar por su colorido, por su gracejo y por su ritmo.

Con ella realizamos el hallazgo de una pasión popular inédita que habría de absorberlo todo, de dominarlo todo con el extravío de una facultad colectiva dolorosamente insatisfecha. Muchos otros pueblos de Hispanoamérica han llegado a vivir de la política, el nuestro no empezó tanto a vivir de la política como para la política. Caímos en sus brazos como se cae en el vicio; primero por novedad y pronto por adicción. Así fue que el cubano llegó a hacer de la política una segunda naturaleza de la que no podía ni quería desprenderse, era la demoníaca exaltación del sentimiento con las tentaciones de lucro y de poder; era la contagiosa teatralidad de una acción que derivaba frecuentemente en tragedia; era, en suma, la saciedad del espíritu con una forma múltiple de ebriedad: música, baile, lucha, pasión, sexo, sangre.

Los autores europeos convienen en llamar al caudillismo un mal autóctono y característico de la política hispanoamericana. A mi juicio y ateniéndome al caso de Cuba, fue la consecuencia obligada de sus antecedentes coloniales. En efecto, durante varios siglos la población de la isla estuvo viendo en las autoridades españolas la personificación del poder político, a ellas atribuían todo lo bueno o lo malo que les tocaba experimentar y no es de extrañar que esa relación personal de dependencia no se viera alterada con el súbito cambio al nuevo orden republicano y que, lejos de eso, las mayorías populares pensaran que habrían de seguir teniendo un amo político con la diferencia de que ya no les vendría impuesto sino que tenían el derecho de escogerlo libremente, lo que desde luego debió de parecerles bastante.

He empleado el término caudillo no siendo, en verdad, el que mejor conviene a la realidad hispanoamericana ya que el mismo conlleva las ideas de liderazgo, de carisma, pero además y sobre todo, la de autodefinición; el verdadero caudillo resulta serlo por su obra y se le acepta por quien es. En nuestra política vernácula cabe mejor hablar de caciques, ya que éstos no se hacen por sí mismos, los hacen las pasiones populares y se aceptan por costumbre o tradición. Por eso se contaban por millares y los había a todos los niveles, desde el nacional al pueblerino, así como de todos los matices políticos. En el ápice de esa pirámide estaba el cacique mayor que aspiraba a Presidente y sobre quien terminaban por fijarse todas las esperanzas de sus seguidores. El, de ser electo, iría a gobernar dentro del marco de las facultades de que estaba investido por la Constitución, eso cabe suponer que todos por entonces debieron pensar, pero no ocurría así, porque el cambio radical que se había operado en la estructura del poder político no tenía paralelo en la conciencia de las mayorías populares. No, dígase lo que se diga, no cambiamos de mentalidad de la noche al día tal como podemos cambiar de bandera, y muchísimo menos desprendernos de pronto de arraigados modos de pensar y ancestrales habitos de comportamiento.

Cuando el "guajiro" cubano se estrena en los lances electorales de la flamante República, lleva la misma mentalidad con que solía concurrir a las "galleras"; por eso, porque ha cambiado de ruedo pero no de juego, sigue llamando su gallo al candidato de turno y no repara en jugarse al espolón del favorito algo más que dinero, la propia conciencia. Y ¡qué decir del espíritu festivo que movía a las multitudes a sumarse a las comparsas partidistas! sin duda que el compás sandunguero de los ritmos afrocubanos que marcaban su paso por las calles de ciudades y pueblos, debió contribuir más al proselitismo que las tentadoras promesas que proclamaban sus respectivas plataformas de gobierno. Ahí está como prueba "La Chambelona", ese paso de rumba elevado por las masas a la categoría de himno, se llegó a identificar con la filosofía política del liberalismo al punto de pensarse que no se podía ser liberal si no se era "chambelonero".

Claro que exagero, pero no hay mal en ello, exagerar es sólo hacer más aparentes los perfiles de la realidad y es de eso de lo que se trata para no seguir cayendo en el error de suponer que la emancipación política de España significó una solución de continuidad en el proceso evolutivo de la sociedad cubana, que nuestro pasado dejó de pronto de contar, que nos hicimos un pueblo nuevo con solo cambiar de bandera. Nosotros mismos no podemos desprendernos de nuestro ayer como de un fardo inútil. Si alcanzásemos a ver al traluz de la conciencia lo que somos en la actualidad, nos sorprendería descubrirnos viviendo el pasado, pues otro tanto puede pensarse de las sociedades. Apuntaba al respecto el maestro Ortega que el razonamiento esclarecedor, eso que conocemos por la "razón", consiste en una narración. Decir de un hombre de una nación que hizo tal cosa porque antes hizo tales otras ¿no es, acaso, hacer su historia?

A tal punto podemos asegurar que nos continuamos que aunque pactamos la paz con el enemigo cuando dimos fin a la guerra de independencia, no abandonamos la actitud belicista y en otra forma y con otros fines seguimos en guerra entre nosotros mismos. Empezaron nuestros bravos veteranos por no envainarse para siempre el machete como era de esperarse, por el contrario, volvieron a alzarse en armas llegada la ocasión, tal como si la manigua siguiese siendo el campo idóneo de batalla. La actitud guerrerista se continuó con el veteranismo durante las tres primeras décadas republicanas; los generales de las pasadas luchas no fueron otros que los caudillos de las nuevas contiendas y si bien cambiaron de vestimenta, no se deshicieron del todo de sus viejas prácticas militares y de ahí que siguiesen llamando sargentos a los encargados de reclutar a quienes habrían de formar sus cuadros electorales. Entre ganar una batalla y triunfar en una elección no había en verdad gran diferencia, así como tampoco, entre hostigar al enemigo hasta forzar su rendición y asediar al gobierno constituido con una indiscriminada barraje de propaganda hasta su completo desprestigio y aun, si se presentase la ocasión, desplazarlo del poder por asalto. Por supuesto que ya fueron otros los emblemas y otras las consignas que se leían en los nuevos estandartes, pero quienes los izaban lo hacían con el mismo desafiante gesto de los que marchan a un combate y ¡qué decir de los discursos de los oradores de turno! nada tenían que envidiar a las más encendidas arengas.

Cuando se cambian los objetivos de la lucha estamos modificando al propio tiempo los estímulos que nos motivan a luchar, y así hubo de ocurrir que pese a que se siguió invocando el bien de la patria como meta en todas las contiendas electorales, de hecho, se dejó perseguir ese interés común al polarizarse las aspiraciones colectivas en una diversidad de agrupaciones pugnantes entre sí, las que no repararon en medios de hacer prevalecer sus propios y exclusivos intereses. Claro que esa realidad no podía ponerse de manifiesto, pero aunque resultaba fácilmente advertible por debajo del disfraz programático que la encubría, no fue ello motivo de escándalo porque fingir formaba parte de las reglas del juego político al igual que "bluff" se hace permisible en el póker.

Decir que no todos los políticos de entonces se acogieron a esa licencia, es verdad, como lo es, también, que no fueron ellos los más, y que aun de haber llegado a serlo, no les hubiera sido dable cambiar fundamentalmente el curso de los acontecimientos. Tal cosa no está al alcance de los líderes por mucho que se lo propongan, lo que sí les es posible es servirse de las aptitudes, tendencias y flaquezas de las masas que conducen haciendo que prevalezcan aquellas cualidades que más convienen a sus fines, y aun para lograrlo necesitan contar con el concurso de circunstancias propicias.

En cualquier caso, si aquellos políticos no resultaron ser los mejores, tampoco pueden contarse entre los peores; fueron, ni más ni menos, como los quisimos tener, de lo contrario seguramente no hubieran podido ejercer sobre las mayorías populares influencia alguna, ya que no son los políticos los que hacen a los pueblos sino al revés, los pueblos los que hacen a sus políticos.

En efecto, ellos descartan a los que no se ajustan a los modelos que tienen formados de antemano y si los que terminan aceptando no resultan ser siempre ni los más idóneos ni los que mejor hubiesen convenido para llevar a cabo la tarea que habrían de realizar, tampoco podemos culparlos, porque ellos fueron los escogidos y la responsabilidad descansa en quienes los escogieron.

IV

Cuando inauguramos la República no nos estrenábamos en una nueva realidad, simplemente la continuábamos con otro nombre.

La historia de un país no consiste en el recuento seriado de sus episodios gloriosos, no se hace a saltos sobre abismos de tiempo que quedan en el vacío de la incomprensión o el olvido; no lo crean sólo sus héroes y sus mártires, por grande que nos parezca su intervención en el curso de los acontecimientos. El verdadero protagonista de la historia de un país es su pueblo mismo, con sus virtudes y defectos, con sus arrestos y sus flaquezas, tal como se va manifestando a medida que evoluciona. La historia va rindiendo sus cuentas al porvenir y por eso lleva en separadas columnas el debe y el haber, e importan tanto para su balance total los saldos positivos como los negativos. Muchos de los textos en circulación que llamamos historias, son más propiamente guiónes dramáticos escritos no para ser leídos y consultados sino para ser representados. Si con ellos persiguen sus autores exaltar el sentimiento patriótico, no dudo de que logren su propósito, pero no es ese precisamente el fin útil que debe perseguir el historiador, toda vez que la historia sólo resulta útil cuando se erige en fuente de información y datos verídicos; cuando no se limita a registrar lo que más conviene o abona en favor de una tésis preestablecida, sino toda la verdad, la verdad desnuda y auténtica, solamente entonces resulta aleccionadora y sus ejemplos nos sirven para evitar nuevos errores y reincidir en viejas faltas.

Que ambas cosas, virtudes y defectos, juegan parejo papel en el acontecer social no debe cabernos la menor duda, porque si las primeras, las virtudes, nos permitieron conquistar la independencia e imprimirle a la nueva República un acelerado ritmo de progreso, los segundos, los defectos, no menos abundantes por cierto, nos llevaron a destruirla por completo. Y lo más grave de esto último es que como por ser nuestros no los tomamos por tales defectos, destruimos, también, toda posibilidad de rectificación. La inveterada costumbre de hacer cortes transversales en la historia, en dividirla en capítulos distintos, rompe su continuidad y contribuye a que su acontecer se nos haga en ocasiones inexplicable. Aquí viene bien repetir con Ortega y Gasset "El pasado es pasado no porque pasó a otros, sino porque forma parte de nuestro presente, de lo que somos dado la forma de haber sido". En efecto, el diagnóstico de una conducta como la de todo un pueblo,no puede hacerse sin tener al alcance su hoja clínica y, de ahí, que tampoco podamos estar seguros de acertar en la interpretación de los hechos sociales que son el resultado del obrar humano, es decir, de muchas conductas, sin proyectarlos sobre la pantalla del tiempo y situarlos dentro de la serie a que pertenecen. Sólo así llegaremos a conocer sus constantes y variantes y, en suma, lo que definitivamente tiene esa sociedad de propio y distinto.

La nuestra, durante el primer momento republicano que alcanza hasta los años treinta del siglo XX, no presentaba ninguna modificación notable en sus usos morales, intelectuales ni políticos; su repertorio de ideas basicas y, en una frase, su modo peculiar de enfocar la vida y valorizarla, permanecían inalterados. En lo que específicamente concierne al comportamiento político, éste seguía siendo, con las variantes formales del caso, el mismo que primaba en la sociedad colonial. No, no nacimos como pueblo cuando conquistamos la independencia, lo repito una vez más porque esa falsa y bien generalizada conclusión ha impedido el que lleguemos a conocernos.

Los que tal cosa continúan pensando olvidan que la guerra con España no fue propiamente de liberación, sino de emancipación, que dista mucho de significar la misma cosa. No expulsábamos con ella a un extranjero invasor de nuestro país, antes bien, nos desglosábamos de la nación española como se separan las ramas de su tronco común sin que por eso deje de circular por ellas la misma sabia vivificante que le viene de sus raíces, también comunes. De tanto negar la dominación política de la metrópoli fuimos cayendo en la engañosa idea de que constituíamos dos pueblos distintos, más aún, de que nunca antes habíamos sido uno solo, al punto de aceptar como válida la delirante especie de que el indio Hatuey inicia el martirologio de la causa cubana.

Pero la realidad es otra y muy distinta por cierto, puesto que no solamente fuimos la más española de las colonias, sino que siguimos siendo la más hispanoamericana de las nuevas nacionalidades de esa común denominación. La hermandad de origen y evolución que nos atribuyen los demás y que nosotros mismos damos por cierta, carece de fundamento histórico. Claro que vivimos por largo tiempo en familia sometidos al mismo régimen político y practicando con ligeras variantes un semejante estilo de vida, pero vivir en familia no supone el que seamos necesariamente hermanos. Ese término puede aplicarse sin reservas a otros racimos de pueblos del continente como, por ejemplo, los que formaron parte del antiguo imperio incaico, unidos entre sí por indisolubles vínculos de estirpe y tadición que no por lo remoto de su origen dejan de tener presencia actual. España no los formó de la nada, los encontró ya hechos y por eso tuvo necesidad de conquistarlos y de luchar por retenerlos bajo su dominio, y si es indudable que en el curso de varios siglos logró hacer que en ellos predominaran los valores de la cultura importada y el estilo de vida de su superior civilización, no lo es menos que no alcanzó a anular nunca del todo en sus mayorías populares la vigencia de bien arraigadas tradiciones indígenas.

El caso de Cuba es enteramente distinto. Nuestra isla no fue propiamente conquistada sino ocupada, su escasa y primitiva población aborigen trashumante y huidiza no ofreció resistencia ya que la poca que halló Diego Velázquez a su paso por la región oriental provenía de recién llegados indios tainos procedentes de La Española, y así ocurrió que al término de pocas décadas sólo quedaban vestigios indígenas en todo el territorio. Tales circunstancias atípicas hicieron posible el hecho, también sin paralelo, de que los vecinos de nuestras primeras villas y poblados fueran exclusivamente españoles, lo que por sí solo es ya bastante para imprimirle un sello propio y distinto al proceso evolutivo de la sociedad cubana.

El criollo no fue el resultado de ningún mestizaje sino el producto inevitable de todo trasplante. Así como el árbol trasplantado comienza a deberse a su nuevo suelo y es afectado por las nuevas condiciones ambientes, el español, una vez enraizado en Cuba, empieza a experimentar también que sus intereses van dejando de ser los mismos que los de sus iguales de la península, y no ya sólo los intereses, sino sus propios sentimientos, porque sin dejar todavía de saberse español, prefiere llamar al suelo que lo vio nacer, su patria.

Contrariamente a lo que suele creerse esa realidad no resulta alterada con el arribo progresivamente creciente de los esclavos africanos. ¿Cómo poder considerarlos parte de la sociedad cubana de su tiempo si ellos constituían sólo una fuerza de trabajo adscrita a su correspondiente centro de producción, ni más ni menos que las bestias que movían los primitivos molinos de azúcar o las que impulsaban los arados en los campos de siembra? Esa condición infrahumana los retuvo ajenos al devenir social, cautivos en tierra extranjera y hostil, hallando acaso sólo consuelo en la evocadora práctica de sus ritos religiosos y danzas festivas.

Las inmigraciones terminan siendo absorbidas por la colectividad que las recibe y cuando son persistentes y numerosas pueden llegar a alterar sus modos originales de comportamiento, a desfigurarla en una palabra, pero ese no es el caso de la arribazón humana de negros esclavos. Cierto que su presencia llegó a hacerse advertible por doquiera al igual que otros elementos del paisaje y que desde muy pronto hubo de imprimirle a nuestro folklore la gracia y el colorido del que hacían lenguas los viajeros de antaño. Más adelante, las esencias africanas alcanzarían a influir decisivamente en las creaciones artísticas y, de manera especial, en la música, pero todavía traspasada la primera mitad del siglo XIX, a más de dos centurias y media de asentarse los primeros vecinos españoles en la isla, la población africana, esclava o libre, permaneció de hecho segregada y, por tanto, sin ejercer ninguna acción modelante en la sociedad criolla. Utilizando el término que pusieron en boga el antropólogo Ralph Linton y el sociólogo Abram Kardiner, nuestro "tipo básico de personalidad colectiva", se mantenía intacto, lo que equivale a afirmar que seguíamos siendo, aunque no ya sintiéndonos, españoles trasplantados.

Puede pensarse que no voy teniendo en cuenta el mestizaje que indudablemente empezó a tener lugar esporádicamente desde un principio, por lo que vale la pena detenernos a considerar la importancia que en nuestro caso debemos atribuirle. Mestizaje supone la mezcla de grupos humanos de diferentes razas, lo que sin duda tiene también una implicación cultural que en el caso que nos ocupa es, precisamente, el aspecto que más debe importarnos, porque cuando se ponen en contacto culturas de tan distantes grados de desarrollo como la española y la de las tribus africanas, mandinga, congo, carabalí, etc., obviamente, la de nivel superior resulta ser la dominante. El proceso que conocemos con el nombre de aculturación no se aparta del principio que norma todo intercambio, ya que nadie puede dar más de lo que tiene y es innegable que en lo que a altos valores de civilización y cultura se refiere, la población africana importada no tenía nada que ofrecer y sí, en cambio, mucho que asimilar. Por eso puede afirmarse sin reservas que en el mestizaje que hubimos de experimentar no es el criollo el que africaniza, sino al revés, el africano quien se acriolla, lo que vale decir tanto como que se españoliza. En todo caso la mezcla interracial encontró siempre una barrera de prejuicios que aunque fuera debilitándose progresivamente, todavía al inaugurarse la República, distaba mucho de haber sido lo suficientemente vulnerada como para considerar al mestizo el tipo humano dominante en la composición social del país.

Es inobjetable que el paso de una a otra realidad ambiente requiere siempre un proceso de aclimatación y este aserto es válido tanto en biología como en sociología. La aclimatación implica la puesta en marcha de un mecanismo de ajuste y acomodación el cual en el seno de las sociedades tiene que iniciarse, desde luego, a nivel individual. Una colectividad humana sólo llega a aclimatarse cuando sus miembros han experimentado en ellos mismos las reacciones conducentes al cambio de que se trata. ¿Cómo imaginar que una norma social nueva pueda por sí propio originar un nuevo modo colectivo de comportamiento sin pasar antes por el crisol individual? La duración de ese proceso, es decir, el tiempo que tardan los individuos en cambiar de actitud mental, de deshacerse de viejos hábitos de comportamiento, de evolucionar hasta tornarse consecuente con las características formales de la nueva horma social que los contiene, habrá de depender de sus peculiaridades psíquicas, de su mayor o menor maleabilidad y, en conjunto, del grado de fijeza del modo colectivo de comportamiento preexistente. Puede afirmarse, en general, que nos aclimatamos individual y colectivamente a ritmos distintos y de ahí que cada vez que tiene efecto un cambio radical en la estructura de una sociedad ésta se torna inevitablemente por un tiempo discrepante y conflictiva.

La gran mayoría de los políticos que asumieron la tremenda responsabilidad de realizar en la práctica el ideal de vida independiente y democrática, no habían operado ellos mismos el cambio consecuente, ni siquiera se lo habían planteado como necesario y, por supuesto, que tampoco la mayoría de los gobernados para quienes la nueva condición de ciudadanos de un Estado basado en la soberanía de su pueblo no conllevaba ninguna necesidad de cambio o reajuste en su propio comportamiento. ¿Cómo se explica? Pues sencillamente porque una cosa es "hacer patria" y otra muy distinta es saber cómo seguir sirviéndola una vez que se le da por hecha. Para lo primero les bastaría a nuestros resueltos "mambises" con dar rienda suelta a sus sentimientos porque había en ellos el potencial de emoción suficiente para apasionarse con el ideal de libertad al punto de no reparar ya en sacrificios ni esfuerzos. Para lo segundo, se necesitaba de algo más que de emoción patriótica, su servicio, necesitábamos de todo un giro de noventa grados en nuestro comportamiento, dejar de ser, en una palabra, como veníamos siendo lo que resulta bien difícil, sino del todo imposible, cuando el tránsito de una a otra realidad tiene lugar tal como ocurrió en nuestro caso, sin intermedio alguno, con un solo golpe de telón.

Sin embargo, no sería lo ajustado decir que faltó del todo la previsión, que los riesgos a los que habríamos de exponernos con lanzarnos a la vida independiente sin un período previo de cuarentena pasaran del todo inadvertidos, porque esa y no otra, fue la razón que dio origen al Partido Autonomista, organizado al amparo de las libertades públicas que trajo consigo la Paz del Zanjón. Sus gestores, miembros todos de la intelectualidad criolla, no dejaban de tener la soberanía nacional como meta definitiva de sus aspiraciones, ni dejaban de ambicionarla con sincero patriotismo, su diferencia con los que la querían de una sola vez y enseguida, estaba en que compartían el criterio de que no basta querer sino que hace falta, también, poder; es decir, estar en condiciones de tener lo que se quiere. El razonable temor de ver reproducirse en Cuba los alternados episodios de despotismo y anarquía que venían ofreciendo por entonces las nuevas nacionalidades hispanoamericanas, constituía para los partidarios del intermedio autonómico el mejor argumento que oponer al radicalismo predominante. Claro, que no lograrían su propósito y no sólo dado a la tozudez estúpida de los gobernantes, sino porque visto está que en las lides políticas la emoción suele ganarle siempre la partida a la reflexión.

He llegado a pensar si, acaso, no se debiera a que nos faltó ese entreacto de acomodación y aprendizaje ente la colonia y la República que nuestros bravos veteranos no tuviesen tiempo de envainarse el machete y llevaran a la política la misma actitud desafiante con la intransigencia por divisa que venían manteniendo en los campos de batalla, y que así se diese el caso de que cuando más necesitados estábamos de mutua comprensión y armonía, imperase la discordia y que, en fin, sigásemos ya en la paz, divididos y hostiles, prestos a acudir al recurso extremo de las armas como única solución para cualquiera de las crisis que se nos fueran presentando. Lástima fue, en verdad, que nos lanzásemos al ruedo de las luchas electorales sin percibirnos de que no se trataba de una nueva guerra, antes bien, de un pacífico juego de encontradas ideas e intereses donde debe primar el "fair play". Este término, tomado del deporte, implica a un tiempo mismo un querer ganar y un saber perder; exige una concepción integral del juego en la que los adversarios se ven recíprocamente como colaboradores, porque aquel no podría tener lugar sin la participación de ambos bandos contendientes. El "fair play" hace a cada jugador estar en función de su equipo, y a éste, del juego.

Saber perder, se dice fácil, pero qué cuesta arriba se hace cuando las consecuencias nos afectan personalmente; cuando perder implica tener que abandonar una situación ventajosa o renunciar a la aspiración de toda la vida. Sí, para eso hace falta también valor, salvo que de otro tipo del que hicieron gala los "mambises" en el campo de batalla. Se trata ahora de un valor callado, íntimo, que no mueve la pasión patriótica sino la reflexión cívica, la conciencia de un deber ciudadano que tenemos aceptado como prioritario e irrenunciable, y ¿cómo pedírselo a quienes hacen del logro de sus aspiraciones y apetitos de poder o medro personal el fin mismo de la política? Sin dudas que aunque no nos hayamos detenido a pensarlo, aun en las contiendas pacíficas de la democracia puede haber también héroes, y si no se le levantan estatuas como a los otros, no es ciertamente porque a sus actos les haya faltado mérito, sino espectacularidad.

V

Negarnos a reconocer nuestros defectos y a admitir nuestros errores es hacer el fracaso irremediable cerrándole toda posibilidad de superación.

Salvador Madariaga, en su conocido ensayo de psicología comparada, nos dice que una simple ojeada de los pueblos inglés, francés y español no nos permite desglosarlos del marco común de la cultura Cristiano-occidental a la que por igual pertenecen, pero una vez que se ahonda en las profundidades de las ideas subconcientes, de sus reacciones primarias, se advierte que cada uno de ellos tiende a adoptar frente a la vida una actitud diferente que los lleva a presentar características distintas; modos colectivos de ser diversos entre sí. Según Madariaga, el inglés se adapta a los contornos móviles de las circunstancias, como la mano al guante; su conducta no se ajusta a fórmulas porque está por encima de todo lo reglado, es acción viva y por eso, también, ha podido hacer del "fair play" la actitud habitual en su comportamiento político. El francés, reacciona de otra manera, diríase que coloca "le droit", el derecho, en el lugar que los ingleses colocan su "fair play" y en oposición a ellos, prefieren actuar objetivamente con la inteligencia y no la experiencia como modelo. El español, finalmente, no se alía a la naturaleza de las cosas ni a lo que hay de derecho o razón en éstas, sino que se rige por impulsos subjetivos que terminan por prevalecer sobre todas las normas establecidas y aun la propia experiencia. De ahí que tomara el honor como divisa, sentimiento éste que coloca al individuo por encima de toda ley exterior y que es, en sí mismo, inefable e incomunicable, tal como se describe en la famosa cuarteta que Calderón pone en boca del Alcalde de Zalamea: "Al Rey la hacienda y la vida se ha de dar, pero el honor, el honor es patrimonio del alma y el alma es sólo de Dios".

El honor es pasión, claro está, pero para llegar a sentirlo tenemos primero que habernos situado nosotros mismos en el centro de gravedad de la vida; es decir, ser, apasionadamente individualistas. Esa condición es inseparable del carácter español y, consecuentemente, del nuestro. Ahora bien, el individualismo entraña egoísmo, una actitud basada también en la primacía del yo que tiende inevitablemente a aislarnos del grupo humano al que pertenecemos, a procurar nuestro bienestar personal y a defender nuestros privativos intereses por encima de toda otra consideración, el egoísmo es, en una palabra, antisocial.

Por supuesto que eso último resultamos serlo sin proponérnoslo, ni siquiera teniendo clara conciencia de que lo somos. Más aún, solemos pensar sinceramente que nos interesamos en la problemática social pero, en verdad, sólo aceptamos del sentir y el pensar ajenos aquello que coincide con el nuestro, y si nos involucramos en sus conflictos es para hacerlos prevalecer a toda costa. De esta manera la política ha sido vista siempre por nosotros como una cuestión personal y, por consecuencia lógica, concluimos por considerar enemigos personales a cuantos disientan de la opinión que defendemos. El individualismo, llevado a esos extremos, es absolutamente incompatible con la convivencia pacífica y la estabilidad social, bases del auténtico progreso.

Sabemos que el ego es la parte conciente del individuo, la que le permite identificar su propio yo, constituye por sí solo el más preciado don con que Dios ha querido realzar a la especie humana, somos luego nosotros los que lo convertimos en condición viciosa cuando le añadimos el "ismo". Pero, adviértase, que resulta imposible ser egoísta en absoluto aislamiento, necesitamos de los demás, vivir en convivencia, para poder serlo.

Algo semejante ocurre con la ambición, otra de las cualidades presentes en el complejo psicológico del hispanocubano. La ambición nos hace impulsivos, nos mueve a superarnos proponiéndonos metas cada vez más altas. Querer apasionadamente "llegar a ser" o "llegar a tener" no es censurable, antes bien, nos hace dignos de estímulo y emulación, pero esas dos apetencias no pueden darse tampoco en aislamiento, necesitan de la convivencia, entran dentro del marco de las relaciones sociales ya que cuando se dice que se quiere ser alguien se trata de un personaje que existe o puede existir y en cuyo lugar quisiéramos encontrarnos, y cuando se ambiciona el llegar a tener, nos estamos representando un bien o un conjunto concreto de bienes que otros ya poseen. Y cómo conseguir lo uno o lo otro, sin correr el riesgo de que nuestras aspiraciones choquen o se interfieran con las de los demás.

No, la ambición no es en sí misma virtud ni vicio, eso va a depender del uso que le demos a ese caudal de energía emocional. Las causas mas nobles de la humanidad han sido impulsadas por la ambición y esa misma fuerza a guiado a los hombres a realizar los mas execrables hechos y a los pueblos a incurrir en los más lamentables errores. Qué mejor ejemplo que el que ofrecemos nosotros los cubanos, legítimos descendientes de españoles, tanto individual como colectivamente. ¿A qué atribuir, sino a la ambición, los muchos triunfos personales que venimos obteniendo, ayer en nuestro propio suelo y luego en tierra extranjera?

De fijo que sin ese motor de la voluntad no hubiésemos sido capaces de vencer tantos obstáculos y salir airosos de tan duras pruebas. Particularmente, en lo que a los logros de la población cubana en el destierro concierne, ninguna otra inmigración en Estados Unidos, que yo sepa, ha conseguido sumar un mayor número de triunfos en un lapso menor. Eso es indudable, y recuerdo al efecto que un visitante amigo a quien mostraba el cambio experimentado por Miami por iniciativa y obra de exiliados cubanos, hubo de decirme que esa muestra le bastaba para estar ya seguro de la pronta reconstrucción de Cuba una vez restablecido el orden republicano antes imperante. -Coincido con Ud.- me apresuré a decirle, sin añadir palabra, aunque debo confesar que tentado estuve de añadirle: Pero mucho me temo, mi querido amigo, que si los que se encargan de la reconstrucción de la República no han cambiado de modo de ser, una vez reconstruida, no tardarán mucho en volverla a poner en trance de destrucción.

¿Es entonces que no cuenta la experiencia?, tal vez muchos se lo estén preguntando. Pues ¡claro que cuenta! pero no ciertamente para aquellos que obran emotivamente sin que el análisis reflexivo intervenga para nada en sus decisiones. Ellos no pueden sacar provecho de sus pasados errores porque no los reconocen como tales, si los admitieran sinceramente, dejarían de ser como

venían siendo, ya que aceptar que nos equivocamos es una prueba ineludible de desapasionamiento. En cualquier caso, nos servimos de la experiencia como solemos echar mano de ciertas drogas preventivas, a destiempo, es decir, cuando ya hemos contraido el mal y en nada puede contribuir a remediarlo.
Evitar es siempre mejor que tener que lamentar, en eso todos convenimos. La dificultad está en que sólo puede evitarse el daño o el peligro del que tenemos conciencia; aquellos cuya existencia nos consta y cuyas posibilidades de riesgo admitimos. El valor temerario, por ejemplo, deja de constituir un acto de auténtico heroísmo porque se realiza con desconocimiento de su verdadera naturaleza y de sus previsibles consecuencias. Una vez dominado por la pasión, el individuo pierde la noción de la realidad, las cosas dejan de tener para él la medida de lo normal, su apreciación valorativa de los demás, son meras representaciones de su fantasía y los propios conceptos del bien y del mal se desnaturalizan para ajustarse a las conveniencias del momento y acabar por estar, íntegramente, en función del propósito obsesionante que persigue.

Tal vez, la única medida preventiva que hubiese podido librarnos, al menos en parte, de los dañinos efectos de esa inveterada tendencia nuestra a dejarnos impulsar por la emoción, habría sido el aprender a conocernos porque, de fijo, seguimos sin saber como somos, peor aún, conociéndonos mal, ya que la imagen que tenemos formada de nuestra identidad colectiva no se ajusta a la realidad. Con eso no quiero decir que nos consideremos mejor o peor de lo que somos, sino, simplemente, distintos a como nos imaginamos ser.

Si se me pidiese situar al cubano de hasta todavía nuestro ayer republicano, en uno de los "mundos interiores" de que nos hablaba Ortega y Gasset, no vacilaría en colocarlo en el mundo de la poesía, el mismo en que él situaba a sus compatriotas españoles. Este mundo interior representa el grado extremo de lo fantástico y, desde luego, el más apartado de la verdad desnuda y auténtica. Téngase presente que no hacemos poesía solamente cuando nos damos a escribir poemas -cosa por cierto que también nos ha gustado- sino cada vez que idealizamos la realidad, que perseguimos un imposible que, en fin, desfiguramos los hechos para reconstruirlos a nuestro capricho. Y qué otra cosa sino eso, poetas de la acción, hemos seguido siendo nosotros una vez instalada la República.

Pero si ya con criterio propiamente psicológico intentásemos encajarnos dentro de uno de los diversos tipos humanos de la clasificación de Jung, tendríamos que hacerlos en el que corresponde al intuitivo extravertido al que el famoso autor describe como sigue: "El intuitivo extravertido espía constantemente las nuevas posibilidades y va tras ellas sin tomar en cuenta el bien o el mal, propio o ajeno, que su decisión puede traer consigo, derribando, si llega el caso, en su inveterado impulso de cambio lo antes construido. Jamás acaba por acomodarse a situaciones estables ha mucho existentes y bien acomodadas, en cambio, tiene un fino sentido para lo latente preñado de futuro; pone extraordinario entusiasmo en sus nuevos objetivos y orientaciones lo que no empece para renunciar a ellas fríamente y sin piedad en cuanto se ha agitado su contorno y ya presiente nuevos y tentadores brotes". ¿No responden esas características a la nuestra? Por supuesto que sí, aunque nos resistamos a admitirlo, lo que tampoco es de extrañar, toda vez que el rechazo intuitivo de cuanto se oponga o contravenga con la idea que se ha formado de las cosas que lo mueven a actuar compulsivamente es, también, una característica del señalado complejo.

Pero no hace al caso que me adentre demasiado en ese gran seno científico cada vez mas profundo de la psicología, y no sólo porque tema perderme yo mismo sin encontrar una explicación plenamente satisfactoria a mis dudas, sino porque se aparta del propósito que nos guía, el de llegar a saber cómo en verdad somos en base a lo que hemos venido siendo, lo que, desde luego, es menos pretensioso que aspirar a saber el por qué resultamos ser precisamente así y no de otra manera. Claro, que tenemos que servirnos del apoyo de la psicología, porque los hechos que analizamos son el producto del obrar humano y resulta imposible llegar a conocer su naturaleza íntima sin tener presente a sus autores, los que van dejando en ellos la impronta de su personalidad.

Ocurre en sociología lo que en la alfarería, el barro de que los alfareros se sirven es el mismo, pero la destreza y sensibilidad artística de los llamados a moldearlo pueden y suelen diferir y, consecuentemente, la calidad de sus obras. Algo semejante tiene lugar con el tratamiento que los distintos pueblos dan a sus situaciones críticas, las que no obstante ser similares habrán de encontrar en cada uno de ellos soluciones muy diversas.

El pueblo norteamericano, por ejemplo, ha hecho de la ley un culto cuya liturgia se practica por encima de toda otra consideración, así fue que pudo darse el caso extremo de que uno de sus Presidentes, de indudable prestigio y popularidad, se haya visto forzado a renunciar por el solo hecho de haber autorizado el registro de la oficina electoral de su opositor, lo que aunque censurable, no hubiese revestido la importancia suficiente para provocar un semejante desenlace en países tales como Francia, Italia o España, cuyos respectivos pueblos se rigen por una diferente escala de valores cuando se trata de apreciar la conducta pública. Los cubanos, en particular, aunque hayamos reaccionado con frecuencia violentamente frente a burdas violaciones de la ley, no ha sido precisamente su escrupuloso respeto lo que hemos venido practicando, muy por el contrario, no reparamos en violarla con cualquier excusa una vez dominados por la pasión política.

En la génesis de todas nuestras crisis hay que buscar siempre el substrato subjetivo, la razón íntima que puede no llegar nunca a aflorar a la superficie de los hechos para hacerse manifiesta. Con frecuencia, aún siendo advertida su existencia, se la mantiene oculta porque su reconocimiento dentro del complejo de los factores en juego puede empañar o deslucir la transparencia y brillantez del episodio histórico de que se trata. Es mejor, mucho mejor, dejar seguir pensando que todo ocurrió tal como se describe en las leyendas de héroes y villanos, pero en verdad, no fueron los buenos de aquellos conflictos de aspiraciones e intereses políticos tan puros de intenciones como se los pinta, ni los malos, tan perversos como solemos imaginarlos.

La concupiscencia es el deseo inmoderado de los bienes y goces terrenales, eso lo sabemos, pero es el caso que no queremos comprobarlo cuando empezamos a ser concupiscentes, preferimos pensar que nunca llegamos a rebazar ese impreciso límite que separa lo prudente de lo excesivo y tanto más difícil se le hará al cubano ponerse freno siendo, como resultamos ser, ambiciosos por naturaleza. Llevada al plano de la conducta la concupiscencia mueve a la rivalidad y termina por generar la envidia, el más antisocial de los sentimientos, porque atenta directamente contra el principio básico de la convivencia, el de la voluntaria cooperación en la procura y disfrute armónico de los bienes sociales. La envidia como el individualismo exacervado, de cuyas esencias anímicas participa, es por definición, antisocial. Y, acaso, lo que hace la conducta del envidioso más incompatible con la vida en colectividad es que cuando se sabe incapaz de alcanzar lo que ambiciona busca compensación y halla complacencia viendo a los demás privados de cuanto poseen.

Entre nosotros la envidia ha sido un mal crónico y creo estar en lo cierto cuando afirmo que la mayor parte de nuestras reacciones colectivas no pueden ser explicadas con desestimiento de ese ingrediente de nuestro complejo psíquico. La dificultad de poder comprobarlo radica en que no se encuentra casi nunca en su estado de pureza, sino en aleación con otros componentes que contribuyen a ocultar o desfigurar su presencia.

Uno de esos componentes presente en gran número de nuestras reacciones colectivas es, sin dudas, la intransigencia. Ella ha jugado un papel protagónico en el desenlace infortunado de nuestros conflictos políticos aunque a diferencia de la envidia, no se disfraza ni se oculta entre bambalinas para no ser identificada, sino que, por el contrario, sale al proscenio haciendo ostentación de su presencia. El cubano ha llegado a considerar la actitud intransigente la más preciada de las virtudes de la vida pública y por eso la adopta alardosamente sin tomar en cuenta las circunstancias ni las consecuencias previsibles de su conducta.

Cierto que la intransigencia puede denotar firmeza de convicciones y rectitud de principios, pero no precisamente cuando cierra las puertas a toda posible avenencia pacífica en la solución de una crisis política, ni cuando, como suele ocurrir, es producto del apasionamiento, la inspiran sentimientos de odio y venganza o el irrenunciable propósito de conquistar una situación de poder. He oído muchas veces decir a mis compatriotas como mayor elogio de una persona, "Fulano, ha mantenido siempre una actitud vertical" y presumo que han querido indicar con ello la intransigencia a todo trance de su pasada conducta. Así cuando se trata, por ejemplo, de un "revolucionario" debo suponer que optó invariablemente por una solución violenta como método de lucha en los conflictos en los que hubo de participar, lo cual implica el absurdo de tener que admitir que la alternativa radical de la insurrección era la conveniente y aconsejable en todos esos casos y que reiterar la actitud rebelde hasta convertirla en norma inflexible de comportamiento ciudadano, es mérito extraordinario digno de estímulo y emulación.

En eso, como en tantas otras cosas, demostramos ser legítimos descendientes de españoles. ¿No llevaron nuestros ancestros el honor a su blasón, y no es, acaso, el honor la forma más señera de la intransigencia? Recordemos la citada cuarteta de Calderón en su Alcalde de Zalamea "Al Rey la hacienda y la vida se ha de dar, pero el honor, el honor es patrimonio del alma y el alma sólo es de Dios". Y ¿quién resulta ser más inflexible que el Quijote en negándose a admitir la realidad? El siguió sosteniendo que luchaba contra gigantes encantados aun cuando su lanza destrozaba las aspas de un molino. Tan arrojado proceder mueve a la admiración, pero no por ello deja de constituir en la práctica una gran insensatez.

Debe tenerse presente que la intransigencia no constituye un modelo de conducta sino una actitud; vale decir, una tendencia adquirida que nos lleva a reaccionar en determinada forma. A diferencia de lo que llamamos temperamento que da color y estilo a todas nuestras conductas, la intransigencia al igual que toda otra actitud, está relacionada siempre con situaciones concretas y en la mayoría de los casos no resulta ser el fruto de valorizaciones conscientes sino que, por el contrario, constituye el resultado de la combinación de múltiples factores psicológicos, uno de los cuales nada desestimable por cierto, es la estimación pública, vale decir, el juicio de valor que los demás van a formar de nuestras reacciones. A mayor abundamiento, la bondad o maldad, la conveniencia o inconveniencia de una actitud, va a depender del cuándo y el cómo la aplicamos; la misma actitud de absoluta intransigencia frente a las tentaciones del pecado que llevaron a San Ignacio de Loyola o a la Doctora de Avila a los altares, llevó al fanático Torquemada a aplicar en defensa de la Fe los más anticristianos métodos de inquisición. Pero ocurre que no siempre somos consistentes en nuestras reacciones, podemos resultar lo suficientemente estimulados como para actuar o dejar de actuar conforme a nuestros innatos impulsos o tendencias, y debemos dar por seguro que muchos de los que han hecho alarde de su intransigencia no hubiesen resultado serlo a tal grado de no haber tomado por supuesto que mediante ese proceder habrían de ganarse el aplauso de los demás.

Una sociedad, como bien lo hace notar Durkheim, no es una simple suma de individuos, antes bien, una realidad específica y distinta que posee sus propias características, sus formas peculiares de conducirse y reaccionar. Los llamados a constituirlas las encuentran ya hechas y de ahí, que se vean sometidos a su atracción, presionados a conformarse a sus modos colectivos de comportamiento. No se trata, claro está, de una presión sensible y verificable como la de las normas legales, sino inconsciente, que experimentamos a la manera de un impulso configurador al que dejamos de oponer resistencia, sencillamente, porque lo tomamos como propio y espontáneo.

La tendencia del cubano a radicalizar sus puntos de vista y su natural repugnancia por cuanto pueda implicar avenencia o concesión, tiene muy lejanos antecedentes en su proceso histórico, de hecho, vino informando desde un principio la política colonial caracterizada por una reiterada y tenaz renuencia a toda iniciativa de cambio o alteración del orden imperante. Inútiles resultarían todos los esfuerzos por demostrar que los intereses de la colonia habían dejado de ser los mismos de la metrópoli, porque no importaba saber de que lado estaba la razón y la mutua conveniencia, sino mantener incólume a toda costa el principio de autoridad. Las pocas concesiones que llegaron a hacerse no fueron el resultado de la persuasión sino del imperativo de las circunstancias y cuando éstas hicieron crisis con el planteamiento radical de la independencia por parte de los criollos, sus sistemáticos oponentes, los peninsulares, respondieron con la más extrema expresión de la intransigencia organizada a la que se dio por nombre recalcitrancia. Fueron los recalcitrantes de España y de la propia isla, quienes bloquearon hasta terminar por malograr la última posibilidad de solución gradual y pacífica de la cuestión cubana a través del autonomismo y los que, en definitiva, haciendo buena la consigna de defender el régimen colonial "con el último soldado y hasta la última peseta" demostraron que, en verdad, preferían perderlo todo antes de ceder en algo.

Esa absurda actitud no se alteró con el cambio de las instituciones, siguió primando en la conducta política del cubano. Recordemos que a punto estuvimos de malograr el traspaso del gobierno cuando los Estados Unidos lo condicionaron a la aceptación de un apéndice constitucional que autorizaba su intervención en situaciones extremas que pusiesen en peligro la paz o la estabilidad financiera del país. No faltaron, ya tan temprano, quienes se oponían a su aceptación porque preferían no tener República a tener menguada su soberanía, ni aun siendo en forma preventiva y con el fin de proteger su futuro desenvolvimiento. Afortunadamente esa tesis no logró ser mayoritaria y pudimos asumir las riendas del poder, aunque no pasarían cuatro años sin que los que convenían en que nuestro primer Presidente aspirara a la reelección y los que censuraban tal propósito, se dividieran en dos bandos antagónicos e irreconciliables. Las consecuencias fueron las de esperar; se enardecieron las pasiones, prevaleció la intransigencia y los más impacientes se alzaron en armas contra el gobierno constituido el cual, incapaz de restablecer el orden, se consideró obligado a pedir la intervención al amparo del repudiado apéndice constitucional. Así fue como muy pronto y por nuestra propia culpa, ocurriera lo que nunca deberíamos haber dado lugar si, en verdad, considerábamos la Enmienda Plat una humillante merma de nuestra soberanía y un tácito reconocimiento de ineptitud para asumir plenamente las responsabilidades del gobierno propio.

Y no se piense que ese triste encuentro con la realidad sirviera para hacernos rectificar ya que no solamente seguimos dejándonos conducir por la pasión e incurriendo en los mismos errores de intransigencia sino que insistimos en considerar esa actitud un mérito político del que debemos enorgullecernos. ¿No seguimos llamando despectivamente "platistas" a cuantos tratan de encontrar una fórmula de avenencia, algún acuerdo o transacción capaz de ponernos en el camino de una solución definitiva o, al menos, salvarnos de lo peor? Eso hubiese sido en la mayor parte de nuestras crisis lo oportuno, lo sensato, y esas fórmulas de avenencia existieron, han existido siempre, las hubo aun en las peores de 1917, 1922 y 1931-33, que, también provocaron levantamientos e insurrecciones y, en alguna medida, la mediación del vigilante vecino, pero nos resistimos a emplearlas, preferimos ventilarlas por la violencia, exponiéndolo todo, sin miramientos con tal de no hacer concesiones al adversario. Así éramos en tiempos de la colonia y así continuamos siendo en lo adelante cuando dueños ya de la República seguimos en guerra entre nosotros mismos, esta vez no para conquistar la independencia sino para adueñarnos del poder, un poder que no aprendimos nunca a compartir porque está visto que ni el "fair play" ni el "compromise", instrumentos imprescindibles para el buen manejo de la mecánica política, han encontrado aún traducción ni mucho menos aplicación en el vocabulario práctico de la lengua española.

VI

Hemos hecho de la patria un bien más de nuestro patrimonio, por eso no la llamamos nunca nuestra sino mía y no la sentimos como un deber con la nación que compartimos y a la que en verdad pertenece.

Cuando arribamos a la mayoría de edad y nos sentimos de pronto liberados de la tutela paterna, empezamos a experimentar como necesidad imperiosa el pleno disfrute de los derechos que la nueva condición trae consigo. Eso hubo de ocurrirnos en el orden nacional cuando estrenamos los pantalones largos, que no otra cosa significó la emancipación política de España. Sin embargo, esa semejanza de actitudes es aplicable sólo a los derechos, no así a las responsabilidades implícitas en los mismos y ello obedece a que individualmente llegamos al trance de emanciparnos previamente preparados, habiendo ya aprendido los nuevos deberes de conducta, los que, además, ya hemos visto practicar a nuestros padres mientras estuvimos bajo su tutela. No fue ese el caso de la aún inconformada nacionalidad cubana cuando hubo de iniciarse en la vida independiente.

Nos dimos ciega y temerariamente al disfrute de los derechos creyendo que en ello consistía el ejercicio de la soberanía. Por eso no vacilamos en rebelarnos airados cada vez que suponíamos conculcado alguno de los mismos y, más todavía, no nos conformamos con los que nos dieron originalmente cuando se instaló la República sino que seguimos exigiendo otros nuevos. Hicimos de la patria misma un derecho y ahí estuvo nuestro más grave error, porque empezamos a luchar por ella para disfrutarla y una vez conquistada nos sentimos forzados a defenderla para poder seguir disfrutándola, pero nunca, ni antes ni después, tuvimos conciencia de los deberes que su disfrute implicaba.

Estas últimas reflexiones me llevan a pisar un terreno escabroso, me refiero al de atreverme a poner en tela de juicio el patriotismo del cubano. Pero téngase presente que el llevar algo a juicio crítico no supone negar la existencia de lo que juzgamos ¡Dios me libre de dudar siquiera de la autenticidad de un sentimiento que tenemos en tan alto aprecio y del que hemos venido siempre haciendo gala! Además, eso sería injusto, teniendo presente que hemos llegado a hacer del patriotismo un culto cuya fe ostentamos alardosamente al extremo de considerar la mayor ofensa el oírnos llamar mal patriota. Sin embargo, la cuestión no está en la sinceridad de la creencia pues así como decimos que somos Cristianos a nuestra manera, lo que equivale a no serlo en puridad, también tenemos una forma propia de entender el patriotismo que no por practicarla con toda sinceridad tiene que ser necesariamente la correcta.

Jorge Mañach, hubo de calificar a nuestro patriotismo como declamatorio y externo, con lo que quería decir tanto como que nos servíamos para medirlo por la frecuencia con que lo traíamos a contar en nuestros argumentos y por el énfasis con el que aludíamos a la patria en los discursos de ocasión. Pienso que hay algo de verdad en ello porque abundan los ejemplos de esa modalidad, pero generalizándola, la apreciación se me antoja mordaz y exagerada. Yo me inclino a suponer que lo que hace peculiar al patriotismo de los cubanos no reside en la forma de expresarlo ni en el rasero de que se sirve para medirlo, sino en el concepto que tiene formado del mismo y en la razón que lo mueve a experimentarlo.

En una frase pudiera decirse que consideramos el patriotismo como el ejercicio pleno del derecho a tener patria. Así, tan sencillo como todo eso. El cubano da por supuesto que ese derecho no lo conquistó por su personal esfuerzo sino que la adquirieron en virtud de su nacimiento y como parte de la herencia histórica que los padres de la patria, los héroes epónimos, legaron a perpetuidad a toda su descendencia. De ahí, que sea a esos héroes y sólo a ellos, a quienes cree deber gratitud y que se sienta obligado a invocarlos en todos sus pronunciamientos de carácter público, venga o no a contar como argumento. Pagar ese tributo de gratitud póstuma es ya para la mayoría de mis compatriotas más que suficiente para sentirse libre del temor de ser tomado por mal patriota.

Como partimos del supuesto que la patria nos pertenece no tardamos en incorporarla al patrimonio individual como otro bien más, lo que imprime a nuestro patriotismo un marcado carácter posesivo y plástico que nos lleva al extremo de ver en la bandera que la representa no ya un mero símbolo, antes bien, una prueba tangible del derecho que nos asiste para poseerla, algo así como un título de propiedad.

Otra cosa muy distinta es la noción de patria como deber; un deber que no se origina con el accidente de nuestro nacimiento sino que se va formando con la conciencia de nuestra identidad nacional. En efecto, podemos sentir el patriotismo antes de constituir propiamente una nación, pero no podríamos experimentarlo como deber sin ser nacionalistas y para eso necesitamos llegar a sabernos formando parte de un cuerpo colectivo que trasciende los límites de nuestra personalidad individual y que nos corresponsabiliza en el logro y defensa de comunes intereses. El problema surge cuando las necesidades y apremios del cuerpo social de que formamos parte no coinciden o convienen con nuestras personales necesidades y proyectos. Tal situación nos plantea un conflicto de sentimientos cuando no una pugna de intereses y es precisamente entonces cuando se pone a prueba el patriotismo, cuando resultamos mas o menos patriotas en la medida de que seamos capaces de hacer prevalecer el bien común.

En el agitado curso del proceso político republicano enfrentamos no pocas situaciones decisivas en las que fuimos tomando partido sin que en nuestras decisiones de entonces tuviésemos para nada en cuenta el interés colectivo. Dejamos de hacerlo simplemente porque no nos sentíamos en forma alguna obligados a tomarlos en consideración y lo que es más grave, ni aun cuando tal vez llegáremos a comprobar en la experiencia las fatales consecuencias de nuestra conducta sospechamos siquiera que habíamos dejado de seguir siendo buenos patriotas.

Pienso en cuántos dolores y verguenzas colectivas nos hubiésemos ahorrado con solo haber puesto una fracción de ese exaltado amor que somos capaces de sentir por nuestra bandera, nuestros héroes, nuestro cielo, o nuestras palmas, en nuestra nación. ¡Egoísmo terrible el de ese empeño por no sufrir otros dolores que aquellos que nos afectan personalmente, el de hacer de la patria una pasión exclusiva, privada de generosidad y el de seguir nombrándola posesivamente mía, en vez de llamarla nuestra! Egoístas y tontos a un tiempo mismo, porque dejamos de advertir que el interés común del que prescindíamos como de cosa ajena, era también nuestro propio interés. No, los males nacionales no se evitan ni se curan del todo declamando contra ellos ni acudiendo a medidas extremas de extirpación violenta cuando el daño es ya irreparable, sino aplicando a tiempo la vacuna preventiva del deber patriótico.

Quien dude lo que dejo dicho no tiene más para confirmarlo que echar una mirada atrás en nuestra historia donde abundan las pruebas y, acaso, ningún mejor testimonio que el episodio que dio origen a la llamada revolución contra Machado. En efecto, no otro mandatario antes que él había logrado conquistar un mayor respaldo popular ni contaba al finalizar su período presidencial con una más resuelta cooperación de todos los partidos entonces existentes, al punto de que la oposición política prácticamente dejó de existir. Diríase que Cuba había encontrado al fin la ansiada estabilidad institucional, pero no hubo de ser así, muy por el contrario, ese raro fenómeno de cooperativismo llevó al Congreso a proponer una prórroga de poderes y, en definitiva, a la Convención instalada al efecto, a aprobar una reforma constitucional que extendían de cuatro a seis años los períodos electivos. La señalada reforma, cualesquiera que pudiesen haber sido los genuinos móviles que la motivaban, se llevó a cabo con perfecto ajuste a la legalidad según criterio de juristas tan notables como Antonio Sánchez de Bustamante y Octavio Averoff. A esa conclusión llegó también también el Tribunal Supremo de Justicia declarando sin lugar los recursos de inconstitucionalidad que hubieron de presentarse.

Ante semejantes circunstancias los norteamericanos, aunque reservándose el derecho de seguir protestando por todos los medios lícitos a su alcance, habrían descartado, desde luego, toda posibilidad de optar por la resistencia violenta, porque eso cae ya fuera del marco de lo razonable para toda sociedad que mantiene el principio del respeto al orden legal vigente como base imprescindible de la convivencia civilizada y pacífica.

No fue ciertamente de ese modo como hubimos de reaccionar, partimos de otros supuestos, la idea del bien común no figuraba en el repertorio de nuestras preocupaciones preferentes y así ocurrió que los que se oponían al proyecto legislativo de reforma constitucional optaron, una vez aprobado, por rebelarse contra su aplicación y como entre nosotros para formar corrientes de opinión pública no ha sido menester de pruebas dado que han bastado siempre las presunciones, hubo de presumirse de que se trataba de una maniobra política dirigida única y exclusivamente a perpetuar en el poder al equipo gobernante. No hacía falta de nada más para que empezásemos a llamar al régimen dictadura y nos dispusiésemos a derribarlo.

Ya está visto que la pasión mueve a la violencia y que una vez entronizada ésta, las causas originales se olvidan o, al menos, dejan de constituir los móviles inmediatos de la conducta tanto individual como colectiva cuyos resortes pasan a ser los propios hechos que se van sucediendo. Y no ya sólo se preteren los presuntos motivos del conflicto sino que éste se subjetiviza, con lo que quiero decir que se centra en renovados sentimientos de hostilidad personal, y los contendientes aspiran a la derrota del enemigo no tanto por lo que ésta pueda traer consigo como por el placer de verlo humillado. ¿Cómo ya entonces señalar culpables, si unos y otros, reaccionaron al último estímulo dentro de una ininterrumpida cadena de secuencias en la que cada eslabón es a un tiempo mismo causa y efecto, si víctimas y victimarios se identifican y confunden con el empleo de parejos arteros y reprochables procedimientos de lucha?

No, no hay distingo fundamental alguno entre el asesinato que se planea en la clandestinidad en nombre de una causa que se autoestima necesaria y justa, y el que se perpetra por vía de escarmiento o represalia al amparo de los recursos del poder. El calificativo de "político" que se añade al hecho criminal no modifica su naturaleza delictiva ni puede esgrimirse como eximente de responsabilidad, por el contrario, ésta se amplía a cuantos de prestan su anuencia y aun premian el coraje y arrojo de sus autores materiales.

Durante los tres últimos años que precedieron al desplome del gobierno del General Machado el país vivió una etapa de desasosiego e inquietante expectación en el que rumores y hechos competían a porfía, sembrando de incertidumbre el futuro y, por cierto, que los primeros, los hechos, resultaban ser más imprevistos y trágicos.

Visto todo así, desde la perspectiva realista con la que vengo observando nuestro pasado, podría afirmarse que los saldos favorables que se anotan a los que resultaron triunfadores en esa llamada revolución no compensaron los negativos, ya que en balance de cuentas, cuanto de innovador y ventajoso hay que reconocerles pudo haberse conseguido por la vía legislativa y pacífica un poco antes o un poco después. Claro, que eso se hubiese hecho posible solamente de haber existido un estado de conciencia democrática capaz de permitir a todos el saber de qué lado estaban en cada momento los primordiales intereses de la nación y, también, desde luego, si las parejas e irrefrenables ansias de conquistar el poder y retenerlo no hubiesen prevalecido en los protagonistas del conflicto por encima de todos los alegados móviles de sus respectivas conductas.

VII

A lo largo de nuestro proceso evolutivo fuimos experimentando muchos cambios con un indudable saldo de provecho material, pero no logramos cambiar nuestras inveteradas formas de ser y conducirnos y por eso terminamos destruyendo todo lo que teníamos construido, incluyendo la República.

Los cambios dentro del proceso social cubano han venido siendo enmarcados en jalones de aproximadamente un tercio de siglo. No se trata en verdad de una evolución propiamente cíclica como suele darse en economía, sino de un acontecer histórico que pudiera atribuirse al azar, aunque en puridad no hay nada de enteramente casual en el devenir de las sociedades. Es el caso que desde que comenzó nuestra historia como pueblo, digamos por señalarla con un acontecimiento, la toma de La Habana por los ingleses, allá en 1763, cada nuevo tercio de siglo nos trae algo de novedoso y distinto que lo permite distinguir de su precedente. No hago referencias a épocas anteriores porque no existía todavía por entonces nada que permitiera diferenciar a los colonos de la isla, simples vecinos españoles con residencia más o menos duradera en su territorio. Claro que ese largo lapso forma también parte del acontecer histórico de Cuba, pero en lo que a la sociedad propiamente isleña se refiere constituye sólo un antecedente, pura protohistoria.

El último tercio del siglo XVIII resultó ser el primero que deja ver signos inequívocos de un sentimiento nuevo que habría de erigirse en factor de segregación o desglose de la población dando lugar al criollismo. Ese sentimiento lo genera una realidad socioeconómica, nace del divorcio de intereses que la apertura mercantil durante el corto período de ocupación inglesa hizo patente y que a continuación España tuvo que reconocer flexibilizando su inveterada posición monopolista y abriendo más espacio a la iniciativa privada. La sociedad colonial deja de ser un bloque homogéneo de aspiraciones y propósitos, una porción de la misma, de más en más mayoritaria, enfrenta su propia problemática, su propio repertorio de intereses que no comparte ya con los demás españoles. La levadura que hará fermentar ese cuerpo social hasta imprimirle una fisonomía distinta es, sin duda, la idea de patria.

Sin embargo, todavía durante el primer tercio del siglo XIX la conciencia patriótica distaba aún de estar bien definida ni mucho menos generalizada; el término patria comenzaba a utilizarse, pero asociado a la idea de país, de suelo natal; las aspiraciones del momento eran reformistas, no propiamente separatistas. Eso en el orden del pensamiento porque en el orden de las realidades materiales sí se advierte ya un cambio sustantivo. Atrás ha quedado el tiempo en que los dispersos núcleos de población mantenían una economía cerrada con el solo estímulo del comercio ilegítimo del contrabando; esas mediocres condiciones de vida serían sustituidas por la explotación en gran escala y sistemática de cultivos, con la consiguiente mejor distribución de la riqueza y la progresiva formación de una nueva clase de animosos empresarios, base del futuro patriciado criollo. Al compás de que se iba sembrando la campiña cubana de molinos azucareros, vegas de tabaco, cafetales y haciendas ganaderas, iría aumentando el número de esclavos importados y, consiguientemente, el desbalance demográfico de la isla.

El siguiente tercio de siglo corresponde a la etapa de apogeo. Los factores, tanto económicos como sociales que venían influyendo en su evolución, han conformado ya la Cuba colonial que solemos representarnos cuando evocamos nuestro pasado, la misma que recogieron en sus memorias de viajes los muchos curiosos viajeros que por entonces la visitaron. Este período se cierra con el estallido insurreccional de 1868, ya que a partir de ese momento y a todo lo largo del último tercio del siglo XIX, la paz material y espiritual no se restauran por completo en Cuba, su pueblo vive en constante expectación de un futuro incierto pero que cada vez irá haciendo más patente la imposibilidad de hallar alguna fórmula de avenencia capaz de satisfacer las aspiraciones cubanas.

TODOS SOMOS CULPABLES
PARTE II

Muy por el contrario de lo que suele pensarse, los diecisiete años que median entre el cese de las hostilidades de la primera insurrección armada y el comienzo de la guerra de independencia no resultaron ser precisamente tranquilos y promisorios, antes bien, de gestación revolucionaria. A eso contribuyó, principalmente, la propaganda desplegada a todos los niveles de la población por los intelectuales adscriptos al Partido Autonomista. Ellos llevaron al conocimiento de las masas, en buena parte indiferentes o ajenas a la problemática política, las lacras del régimen colonial, su abusivo sistema de exacción fiscal, la humillación y descarte de que eran objeto los valores criollos en la distribución de los cargos públicos, así como el derecho inalienable de los pueblos a regir sus propios destinos. Traducidas al lenguaje sencillo de las multitudes tales verdades equivalían a un rotundo rechazo del orden prevaleciente y a la necesidad inaplazable de ponerle coto. Pero las reacciones emocionales no suelen adoptar términos medios, se dejan conducir por principios contrastantes como libertad-esclavitud, vasallaje-independencia, y así ocurrió que quienes aspiraban a la soberanía plena de la isla a través de la fórmula transitoria de la autonomía se convirtieron, de hecho, en agitadores del sentimiento patriótico y promotores indirectos de la tesis radical de la independencia.

El siglo XX encuentra superado ya el coloniaje y abolida totalmente la esclavitud; es decir, dejado atrás el viejo orden político-social y su peculiar estilo de vida. Cuba ingresa en el concierto de naciones como república independiente lo que supone un borrón y cuenta nueva en el proceso evolutivo de la sociedad isleña, pero suponer equivale a presumir y eso no pasa de ser una presunción. Cierto que van ser ya otros los problemas del país y otras sus prioridades, sin embargo, los llamados a resolver los primeros y a establecer las segundas, seguirán siendo los propios personajes cuya actuación hubimos de aplaudir en el acto anterior. Si algún nombre cabe darle a esta nueva etapa que habría de extenderse hasta la llamada revolución de 1933, sería sin dudas, la de Período Veteranista.

El veteranismo no constituye sólo una condición, al menos entre nosotros significó más, constituyó un estilo político, una forma peculiar de enfocar la problemática del país, de valorizar sus necesidades y de estimar sus apremios, en suma, una manera propia de entender y practicar la democracia. Hemos repasado algunas de esas características y les hemos buscado origen, por lo que debe bastar ya con agregar que no fue por mera casualidad ni en balde que los cinco primeros Presidentes que se suceden durante esta etapa hubiesen conquistado su potencial de futuro político al tiempo que ganaban sus galones o hacían otros méritos en las luchas independentistas y que procedieran de esa misma cantera mambisa la mayoría de los que habrían de terciar en las crisis de poder que por entonces se suscitaron.

El hecho de que aquellos primeros personajes republicanos difirieran enre sí por rasgos de carácter o de formación intelectual y que la evaluación que en definitiva merezcan, tanto por su conducta pública como por su obra de gobierno, sea también distinta, no empece para que se identifiquen dentro de un común denominador de comportamiento político. Es el mismo caso de los viejos Capitanes Generales, ellos distaron mucho de ser iguales y nos dejaron muy diversos recuerdos, sin embargo, puede afirmarse sin temor a equivocarnos que todos, sin excepción, basaron sus decisiones en los mismos supuestos interpretativos de la realidad colonial y se sirvieron de las mismas reglas y métodos al uso para el desempeño de sus cargos y el logro de sus específicos objetivos. En eso consistió también, llegado su tiempo, el estilo veteranista, una modalidad típica de conducirnos y reaccionar en la vida pública la que, por cierto, no perdería su vigencia por completo con la desaparición física de los veteranos de la escena política ya que muchas de sus características serían recogidas y continuadas por un personaje de reemplazo, el revolucionario.

Ese novel actor que ya durante el segundo tercio del siglo XX y hasta el desenlace del proceso republicano de 1959, habría de desempeñar un papel protagónico en la escena política cubana, hace su aparición aún antes de concluir el período anterior y no tarda en conquistar el aplauso de los espectadores, dado que se trataba de un público predispuesto que asistía a la representación de su propio drama y que no juzgaba a los actores por sus actuaciones sino por el rol que les tocaba jugar. De ahí que tampoco le resultase difícil reclamar el derecho de seguir interviniendo activamente en la vida pública del país una vez rebasada la primera de sus metas, el derrocamiento del gobierno de Machado, porque el revolucionario, al igual que el veterano tres décadas antes, contaba a su favor con un factor decisivo, las circunstancias. Los primeros treinta años de ensayo republicano habían dejado un saldo de insatisfacción o, mejor dicho, de franco descontento; la política al uso como espectáculo dejaba bastante que desear y sus espectadores no eran ya los mismos. En efecto, muchos de los distingos económicos y culturales que heredamos de la colonia se habían borrado casi por completo, una pujante clase media veía ampliarse considerablemente tanto su base numérica como su participación en las relaciones comunitarias y los niveles promedio de ilustración eran ya otros más elevados. Además, en el orden univesal de las ideas se habían operado también cambios de importancia con indudables repercusiones sociopolíticas en las fórmulas y métodos de gobierno dentro de los que la técnica contemporánea empezaba a jugar ya un papel imprescindible.

Era un hecho que Cuba se mantenía al margen de esos progresos y semejante realidad no podía pasar inadvertida a la alertada juventud universitaria así como, tampoco, a profesionales e intelectuales de nueva promoción los que no tardaron en hacer causa común con los primeros toda vez que, en definitiva, todos aspiraban a lo mismo. Y que mejor prueba de esto último que el lema de la organización clandestina de mayor significación y prestigio al comienzo de esa etapa, el A.B.C.: "Hombres nuevos, ideas nuevas y procedimientos nuevos".

No podía darse una meta más ambiciosa ni una más tajante ruptura con el pasado. Esto último debió de constituir sin dudas su mayor atractivo ya que se avenía con las ansias populares y con los impulsos de la juventud, predispuesta siempre al cambio, cualquiera que fuere su dirección. Novedad, esa era la palabra de orden, no sólo para un grupo o sector de la población sino para sus grandes mayorías contagiadas del mismo espíritu revisionista y crítico. Diríase que se operaba, sin que de ello llegara a tenerse plena conciencia, un relevo generacional que convertía el ayer político en definitivo pasado. A enterrarlo se dieron los jóvenes de entonces sin reparar en que no nos cambiamos a nosotros cuando cambiamos de ropaje, que las esencias del ayer que repudiaban no estaban sólo en las fórmulas y prácticas de gobierno, sino en ellos mismos.

Cierto que pudo llamarse aquella una etapa de renovación en la que pese a lo agitado del acontecer político, los súbitos cambios de administración, los alternados períodos de legalidad e ilegalidad, de orden y desorden, mantuvimos un ritmo acelerado de progreso; cierto que logramos actualizar las instituciones políticas, diversificar y fortalecer la economía, estimular al máximo la iniciativa privada, fundar nuevos y más eficientes organismos sociales y culturales, en una frase, situar a Cuba en los límites de escape del subdesarrollo y en la vanguardia de las naciones de Hispanoamérica. No, de fijo no se equivocaban los "revolucionarios" que exigían un reemplazo en los mandos y un cambio de rumbos, ellos se sabían aptos para alcanzar esas ambiciosas metas de progreso, les bastaría con proponérselo ¿acaso no lo habían probado ya antes los criollos cuando en peores circunstancias consiguieron hacer de la isla una de las más ricas colonias del mundo? Era sólo cuestión de turno histórico, querer es poder si se cuentan con las facultades necesarias y las circunstancias se tornan propicias.

De las tres famosas consignas a que hicimos referencia, "Hombres nuevos, ideas nuevas y procedimientos nuevos" fueron únicamente necesarias las dos últimas para realizar aquel gran empeño progresista, pues los hombres que lo llevaron a cabo se limitaron a ser otros, lo que dista de resultar lo mismo que decir nuevos. Claro que habían experimentado algunos cambios, que no seguían siendo enteramente iguales a los que hubieron de reemplazar, pero téngase presente que en tanto la noción de novedad tiene valor de absoluto, es decir, no puede darse a medias, la de cambio es eminentemente relativa, admite categorías. De haberse tratado en verdad de hombres nuevos, de fijo que no hubiesen incurrido en los mismos viejos errores ni en el paroxismo de la pasión política se habrían dejado conducir por los reiterados sentimientos de rencor, revancha y envidia hasta ver destruirse en un desenlace apoteósico, paradójicamente trágico, no ya solo todo lo por ellos construido con tanto acierto sino la propia República que decían defender.

Cierto que no es tarea fácil deshacernos de inveterados hábitos de conducta, pero, en cualquier caso, hace falta para ello que medie el propósito y éste faltó entonces como había faltado antes y ¡ojalá! no siga faltando todavía lo que mucho sospecho, por la sencilla razón de que no lo hemos creído nunca necesario. Partimos del supuesto de que nuestro modo de conducirnos en la vida pública es la debida y si los hechos lo desmienten, atribuimos la causa del fracaso a cualquier otro motivo menos a nuestra propia conducta. De ahí que siguiéramos manteniendo invariable la misma actitud irreflexiva del pasado en nuestros juicios políticos; igual impaciente actitud por alcanzar las metas, tal como las tenemos diseñadas en la imaginación, sin admitir modificación alguna, porque la intransigencia en política la elevamos a cuestión de honor.

No, no cambiamos por dentro sino por fuera, nos limitamos a modificar los planes y a sustituir los medios de llevarlos a la práctica, en otras palabras, cambiamos de estilo, no de naturaleza. Ya sabemos de las más señaladas características del precedente estilo veteranista pero antes de repasar las propias de este otro que damos en llamar estilo revolucionario, conviene que nos detengamos en identificar al personaje arquetipo del que toma nombre.

VIII

El "revolucionario" es un rebelde con causa. El problema está en que no siempre acierta en escogerla y en ocasiones la escogida no resulta ser ni justa ni necesaria.

El "revolucionario" que vimos surgir en la década de los años treinta era, desde luego, un rebelde y la rebeldía constituye un estado anímico de inconformidad extrema que califica el deliberado empleo de la violencia como medio de expresión. La juventud universitaria que comienza organizando manifestaciones pacíficas de protesta, se va tornando rebelde en la medida que aumenta la represión de que es objeto y que ella misma se involucra en el agrio conflicto político del momento y se contagia con la pasión de su ambiente. Es ya entonces que radicaliza su posición y opta por el terrorismo en todas sus formas como nuevo método de lucha. A esa decisión contribuye, desde luego, una natural tendencia a la novedad y, principalmente, el propósito de señalar su participación y distinguirla ya que si bien se veían forzados a compartir objetivos con representantes de la vieja política, no querían ser confundidos. Ellos, los "revolucionarios", no aspiraban solamente a derrocar al gobierno de entonces, aspiraban a más, se proponían seguir ejerciendo una función de liderazgo en la vida pública del país, de lo que es prueba inequívoca la vigencia que hubo de mantener por algún tiempo el Directorio Estudiantil y la señalada participación de la mayoría de sus miembros en las sucesivas administraciones.

El arquetipo de "revolucionario" es, obviamente, un modelo ideal y como tal llegó a ejercer sobre la juventud una atracción fascinante aunque su hechizo fuera también compartido por una mayoría de la población adulta a lo largo del período. Se le veía nimbado de una aureola mística que al tiempo que le otorgaba dignidad ciudadana le confería privilegios y licencias especiales para llevar a cabo sin riesgo de ser reprochado una conducta política basada en la violencia y el terrorismo. Llegó el momento en que para ser considerado un "revolucionario" no hacía falta de ningún expediente que lo acreditara, bastaba con autoproclamarse lo que, desde luego, abriría las puertas para hacer su ingreso en la nueva clase a no pocos oportunistas que veían en la misma un medio fácil de ganar pronta notoriedad y alcanzar posiciones ventajosas.

Pero eso no es de extrañar ya que no se ha inventado todavía ninguna vacuna para inmunizar a la conciencia colectiva contra el contagio del ventajismo crónico, además, aquella espontánea reacción de rebeldía dejó demasiadas muestras de arrojo y sacrificio para ponerle en duda la nobleza de sus intenciones. Nadie que es capaz de exponer su propia vida en favor de una causa puede dejar de creer sincera y apasionadamente en la razón que la asiste. Sin duda que en cada "revolucionario" había un idealista, despojarlo de esa atractiva investidura sería tanto como desnaturalizarlo toda vez que es precisamente el idealismo lo que le lleva a hacerse "revolucionario". El error está en atribuir a quienes mantienen esa actitud la misma calidad de perfección implícita en la noción de ideal, porque el idealismo no nos hace por sí solo mejores así como tampoco nos redime de la responsabilidad derivada de nuestras acciones.

Empezamos a ser idealistas cuando perdemos contacto con la realidad objetiva y como nadie puede basarse en el vacío, la reconstruimos con materiales que extraemos de la fantasía, en palabras vulgares, cuando comenzamos a soñar despiertos. El mundo del idealista es un mundo poético y él mismo un poeta de la acción, por eso resulta capaz de vivir su propia inspiración encarnando, llegado el caso, los papeles de héroe o de mártir. Ahora bien, de la misma manera que podemos versificar sin llegar a ser propiamente poetas resultamos capaces de idealizar algunas de nuestras conductas sin que nuestro comportamiento, visto en conjunto, merezca ser calificado de idealista. Los ejemplos no faltan y por cierto que los cubanos los tenemos registrados en abundancia, baste con recordar a tantos bravos "mambises" que hubiésemos tomado por idealistas puros de haber puesto fin a sus días en la contienda y que una vez hecha realidad sus sueños libertarios se dieron a disfrutarla bien despiertos... Pues otro tanto hubo de ocurrir con no pocos de los "revolucionarios" cuando en el curso de los acontecimientos se encontraron alternativamente a la ofensiva y a la defensiva, ya integrando la oposición ya formando parte del gobierno de turno. ¿Cómo conciliar sus respectivas conductas en tan opuestas situaciones? Cabría pensar que fingieron y que no fueron nunca en verdad, ni antes ni después, los "revolucionarios" que siguieron diciendo ser. Pues se equivocan los que tal cosa suponen y vamos a explicar por qué.

Ante todo importa insistir en que no estamos adscribiendo el término idealismo a ninguna escuela filosófica; no se trata del idealismo subjetivo de Kant, ni del absoluto de Hegel, aunque tampoco pueda decirse que le damos un significado enteramente nuevo, lejos de eso lo mantenemos en su prístina connotación de actitud mental capaz de elevarnos sobre el nivel sensible de las cosas. Tal facultad podemos ejercerla sin saber una palabra de filosofía y aun sin sospechar siquiera lo que estamos haciendo y, tal vez por eso, dado que no tiene plena conciencia de que está dejándose llevar por la fantasía es que el idealista corra tanto el riesgo de rebazar los límites de lo razonable hasta caer en el vacío de la irresponsabilidad o el absurdo.

Los móviles de nuestra conducta, así como también la índole de nuestras reacciones psíquicas, pueden variar la actitud básica que nos viene informando el comportamiento ya que disponemos de la flexibilidad para ajustar tanto las ideas como las actuaciones a los cambios de situación que vamos experimentando y de ahí que podamos reaccionar de manera diversa sin traicionarnos nosotros mismos. La socorrida expresión "fueron cosas de juventud" con la que solemos justificar algunas pasadas conductas, es la mejor comprobación de la pluralidad de manifestaciones que puede llegar a tener nuestra identidad personal.

Al "revolucionario" no le resultaría difícil adaptarse a las circunstancias del momento sin dejar de imaginar que lo seguía siendo desde el momento que la revolución que se representaba en su fantasía no constituía un hecho externo, algo que habría de tener lugar fuera de él con sujeción a condiciones preestablecidas, sino que iba con él, la revolución era él mismo y por eso podía ajustarla a las conveniencias del momento y sólo darla por terminada cuando a él le pareciese. Y de ahí, también, que hubiese tantas "revoluciones" como partidarios sin que nadie llegase a saber, de fijo, cual de ellos tenía la versión verdadera, ni tan solo qué debería entenderse por revolución. No lo sabían porque nunca nos detenemos a averiguar aquello que damos en creer que sabemos y ellos -me refiero a los primeros "revolucionarios", los que creían serlo a su manera, no a los que en verdad eran y terminaron por desplazarlos- no abrigaban la menor duda de que estaban en posesión de la verdad y eso basta y sobra, porque el que cree está pisando la tierra firme de una realidad aun cuando la misma no resulte ser la auténtica.

Esa certeza íntima los movió a descartar de antemano cualquier otro enfoque de la situación política que no partiera de su propio punto de observación, así como no reparar en los medios de llevar a vías de hecho sus proyectos. Las consecuencias fueron las de esperar; acabó por primar en la escena pública la arrogancia en la forma y la violencia en los procedimientos. Atrás habían quedado para siempre las viejas maneras marrulleras de ganar prosélitos e influir en los resultados electorales; nada de "componendas" ni "enjuagues", no más charangas callejeras u otras formas carnavalescas de atracción. Ya no se suplica, se exige, no se hacen advertencias, se amenaza y el propio léxico de las proclamas y pronunciamientos se renueva para tornarse más enjundioso y grave dado que el "revolucionario" no aspira a cacique sino a su versión moderna de lider, su misión es la del guía, el viene a enseñarnos el buen camino de las rectificaciones revolucionarias, el único que puede conducir a la solución de todos los problemas del país.

Sin embargo, esas presuntas verdades no se hubiesen aceptado tan fácilmente de no haber encontrado un público favorablemente predispuesto, en otras palabras, el "revolucionario" no resultó ser el oportuno, fue la oportunidad la que lo hizo posible. La necesidad de un cambio en la política imperante había calado ya lo suficiente en la conciencia colectiva para hacer propicio cualquier propósito de rectificación, y si el que escogimos no era el ordenado y pacífico que otros pueblos en semejantes circunstancias hubieren podido elegir, se debió a que en definitiva fabricamos nuestro destino y lo que fundamentalmente nos paso fue, precisamente, por ser como éramos. Para haber reaccionado en forma distinta, hubiésemos tenido necesidad de haber cambiado antes nuestro modo de ser colectivo lo que, desde luego, no puede nunca tener lugar sin que medie un firme propósito de enmienda.

Llegó un momento en que todos estuvimos contaminados por el virus "revolucionario" aunque los síntomas no fueron siempre los mismos. Así llegó a hacerse crónico un estado de neurosis social rayano en la histeria. Esto puede parecer exagerado y en verdad no deja de serlo, salvo que la exageración no está en quien de ese modo describe los hechos, antes bien, en los propios hechos, porque el acontecer histórico de Cuba durante aquel período parece visto a través de un cristal de aumento. En efecto, el repertorio de nuestras virtudes y vicios no experimentó cambio alguno de naturaleza, simplemente, se nos presenta aumentado, por lo que al tiempo que nos fijamos más ambiciosas metas progresistas y que llevábamos al máximo los esfuerzos, tanto de iniciativa privada como oficial, para alcanzarlas, nos íbamos tornando más violentos, más imprevisores, más intransigentes y también, desde luego, más envidiosos.

Podría pensarse que todo se debió a la pasión ya que nadie ha podido medir nunca a qué límites de exceso puede llegar a conducirnos y eso tiene apariencias de verdad, pero no resiste un reflexivo análisis, toda vez que la pasión es sólo una carga emocional, un impulso, ella no nos guía propiamente, las directrices de esa fuerza las vamos trazando nosotros con nuestras virtudes y vicios y por ello es que puede conducirnos por igual, indistintamente, a las cimas del bien y a los abismos del mal.

¿No puso, acaso, Martí, su inmenso caudal de pasión al servicio de la mas noble causa hasta llegar al extremo de inmolarse por ella? Pues no fue otra cosa que la pasión la que movió también a un puñado de "revolucionarios" de nuevo cuño a fraguar el asesinato de un hombre de bien, el senador Vázquez Bello, sólo para que sirviese de señuelo en un siniestro plan terrorista llamado a tener por escenario un cementerio y como acasión propicia el entierro de la víctima inocente.

No puede darse a la pasión más contrarios destinos, pero no traemos a la memoria ese último ejemplo para dramatizar el contraste, sino para señalar cuán acertados estábamos en afirmar que todos llegamos a contagiarnos con el virus "revolucionario", porque se dio el caso que lejos de merecer aquel hecho una reacción pública de airado reproche, fue recibido por los más como una nueva muestra del valor y la audacia de la juventud rebelde, y por lo menos, con la tácita aprobación del silencio.

Por supuesto que los patriotas del noventa y cinco habrían descartado sin vacilaciones el llegar a la infamia de servirse de las prácticas terroristas para ablandar la resistencia del gobierno español, ni para deshacerse de sus más señalados representantes. Basta al respecto con recordar la indignada respuesta que diera Antonio Maceo al fanático que se atrevió a proponerle atentar contra la vida de Arsenio Martínez Campo en la propicia oportunidad de la entrevista que ambos generales enemigos habrían de efectuar en el campamento del primero: "Tal cosa sólo podría intentarse pasando primero sobre mi cadaver".

¿Cabe pensar entonces que se volvieron peores los cubanos o, al menos, que dejaron definitivamente de ser como eran? Ni lo uno ni lo otro, simplemente cambiamos de actitud, y con solo ello, sin modificar ninguna de nuestras características básicas, sin dejar de continuarnos, fuimos incitados a introducir cambios en la escala de valores por la que nos veníamos rigiendo, no ya solamente alterando el orden de sus prioridades, sino agregando otras instancias nunca antes contempladas. Diríase con el vocabulario a la moda, que nos reprogramamos empezando a ver distintas las cosas que iban teniendo lugar en nuestro contorno y a formarnos juicios distintos sobre lo que en cada momento procedía hacer o dejar de hacer, así como sobre donde está el límite moral de lo permisible en la conducta política. Eso explica el que pudiese llegarse a admitir como válida la cínica presunción de que el fin justifica los medios, lo que por entonces equivalía a suponer que todo se hacía aceptable y legítimo, inclusive el asesinato, cuando se invocaba como razón la causa "revolucionaria".

IX

Las revoluciones suelen atribuirse a sus arquitectos, pero estos se limitan a formular el proyecto y a preparar los planos porque los materiales con las que se fabrican y la mano de obra, son responsabilidad de los pueblos que las experimentan.

Al lector seguramente no le habrá pasado inadvertido el entrecomillado conque he venido escribiendo el término revolucionario; ello se debió a mi interés en dejar bien señalado de antemano que lo que dábamos en nombrar así no eran en verdad tales revoluciones. Gravísimo error porque ocurrió que cuando la verdadera hizo su aparición los más no advirtieron su diferencia y, lejos de ello, le prestaron su colaboración hasta hacerla posible. ¿En qué estriba el distingo? He ahí lo que importa aclarar, ya ahora, cuando se aproxima a su fin este sumario repaso del proceso republicano.

Vamos a empezar descartando algunas falsas presunciones y en primer lugar la de imaginar la sociedad que compartimos como algo que es, y no como debiéramos, algo que esta siendo, lo que dista de significar lo mismo, toda vez que lo primero implica una forma lograda de existir que se basta a sí misma, en tanto que lo segundo, conlleva la idea de dependencia y tránsito. Es natural que se tenga esa falsa apreciación porque vemos nuestra sociedad desde dentro inmersos en su realidad. Una cosa semejante ocurre cuando viajando en un avión con condiciones normales de vuelo, perdemos de vista las nubes que constituyen nuestro único punto de referencia para apreciar el movimiento. A partir de entonces experimentamos la sensación de inmovilidad de la que sólo nos saca un súbito descenso o un brusco e inesperado giro en el rumbo previsto. Así, ni más ni menos, necesitamos que las cosas de nuestro contorno social dejen de ser como venían siendo y que nos sacuda la tempestad de las pasiones desbordadas para que verifiquemos el hecho de que nos estamos desplazando por el espacio histórico y, acaso también, para que nos asalte la incertidumbre de nuestro próximo destino porque cuando nos empezamos a desplazar no siempre sabemos a punto fijo a dónde habremos de detenernos.

Importa también tener presente que la idea de tránsito es inseparable de la de reposo o equilibrio, dado que todo cambio implica un desplazamiento entre dos situaciones estables más o menos alejadas y distintas. Así decimos que hemos cambiado no ya cuando advertimos que estamos dejando de pensar o de hacer algo, sino cuando comprobamos que estamos pensándolo o haciéndolo en forma distinta.

Pero esos cambios no se producen por azar; somos de alguna manera impulsados a hacerlos por lo que hay que convenir en que antes que los mismos se produzcan comienzan a existir en forma de propósito de cambio. Así, como meros proyectos, pueden anidar en nuestra mente por mucho tiempo y aun iniciar el movimiento sin llegar a alcanzar la meta propuesta; es decir, sin que el cambio propiamente dicho haya podido consumarse. Ahora bien, si somos impulsados a cambiar tiene que haber algo también que nos impulse; una fuerza capaz de hacer saltar los resortes que ponen en función el mecanismo del cambio. Claro que la hay, y vamos a su encuentro en el seno de la sociedad ya que es el cambio social lo que en particular nos interesa.

Debemos recordar, ante todo, que la vida se expresa en acciones y que aun las ideas, salvo las del pensar abstracto, no pasan de ser otra cosa que acciones en proyecto; propósitos que motivan el comportamiento individual y que, en mayor o menor grado, influyen en la conducta colectiva.

Cuando una misma idea de cambio es compartida por muchos pasa a constituir, de hecho, una carga de energía social que puede mantenerse en estado de latencia por tiempo indefinido hasta que transformada en un proyecto concreto resulte capaz de manifestarse como fuerza operante dentro del conflicto político del momento y, consecuentemente, en la directriz de sus posibles soluciones. Los partidos políticos y las asociaciones de esa índole que gestionan dichos proyectos, se comportan como verdaderos dínamos generadores de fuerzas de cambio.

Cada fuerza corresponde a un proyecto el que puede ser definido como la concreción ideológica del propósito modificador que se persigue cualquiera que fuese su alcance; ya se trate de una mera reforma o de una revolución. Unicamente en forma de proyecto pueden las fuerzas de cambio ser canalizadas hacia la consecución de objetivos concretos, así como que éstos sean conocidos y compartidos por el mayor número posible de personas. En los países regidos por un orden democrático, los partidos políticos suelen diversificar sus aspiraciones dentro de un programa general, pero ello no debe interpretarse como una división intrínseca del propósito de cambio que entrará en el conflicto de que se trate representado por una unidad de fuerza; es decir, un solo impulso de determinada dirección e intensidad. El campo de batalla a donde el conflicto habrá de dirimirse no es otro, por supuesto, que el de la opinión pública.

Partimos del supuesto de que la disparidad de criterios y la pugna de intereses son signos de vitalidad porque debido a que esa situación conflictiva existe en el seno de la sociedad es que su normal proceso evolutivo puede tener lugar. Lo anormal aparece cuando las fuerzas en conflicto desbordan los cauces legales que las contienen; en otros términos, cuando un sector de la opinión pública se plantea soluciones y emplea medios que escapan a las posibilidades de un cambio ordenado y pacífico.

En este último caso la energía social desbordada habrá de chocar inevitablemente con el valladar del Estado cuyo primordial deber es reprimirla. Ya a partir de entonces, la sociedad en cuestión comenzará a experimentar en mayor o menor grado una crisis de orden público, lo que no debe tomarse como sinónimo de crisis social, toda vez que la paz pública puede perturbarse sin que las instituciones básicas de dicha sociedad se vean comprometidas al punto de llevarla a una situación real de equilibrio inestable. El valladar del Estado dista mucho de comportarse como un molde rígido que condena al cuerpo social a un quietismo contrario a su naturaleza dinámica; no interviene en el querer hacer de la comunidad sino en el cómo hacerlo, no nos condena a una absoluta abstracción, se limita a hacer cumplir las reglas del juego poniendo coto a nuestros excesos. La dudosa legalidad de una elección, un aumento intolerable del costo de vida, el incumplimiento de reiteradas demandas proletarias, así como la implantación de cualquier medida que se estima lesiva a ciertos intereses, puede y suele dar origen a manifestaciones de violencia que perturben la paz pública pero esos desfogues explosivos de la energía social tienden a disiparse, logren o no sus propósitos, sin que el orden social propiamente dicho se haya puesto en riesgo. Son hechos previsibles y previstos por el Estado, forman parte de la problemática normal de su vida conflictiva.

Otra cosa muy distinta son los actos y conducta que podemos calificar de antisociales, toda vez que no van dirigidos a obtener, reparar o suprimir algo que está dentro de las posibilidades del Estado otorgar, reparar o suprimir, sino que trascendiendo su marco de acción, atentan contra los fines que le dieron origen. Ejemplos de conducta antisocial son, sin dudas, las de aquellos grupos y organizaciones que realizan o promueven la realización de hechos terroristas como medio de alcanzar sus verdaderos propósitos siempre incompatibles con el orden establecido.

El notable sociólogo alemán Leopold von Wiese nos recuerda que no hay prueba de la existencia de algún lugar o época donde no se hayan dado en mayor o menor proporción impulsos disociativos, y Ortega y Gasset corrobora ese acerto cuando nos dice que en toda colectividad actúan tanto fuerzas sociales como antisociales: "La sociedad es tan constitutivamente el lugar de la sociabilidad como el de la más atroz insociabilidad". Tales conclusiones nos llevan a pensar que, acaso, el conocimiento de la patología social es inseparable del de su fisiología, toda vez que las sociedades nacen enfermas y no se curan del todo jamás.

Esta observación está avalada por el principio freudiano de la llamada ambivalencia recientemente revalorizado y según el cual en el hombre se dan opuestos sentimientos de amor y odio, simpatía y aversión, piedad y rencor, comprensión y fanatismo, benevolencia y crueldad.

El cuerpo social está también expuesto a perder su ritmo normal de crecimiento, vale decir, al cambio desordenado y violento capaz de romper su situación de equilibrio o llevarlo al trance de correr ese riesgo, pero es el caso que colectivamente no siempre actuamos con la misma previsión y celo conque nos disponemos a hacerlo en el orden individual, toda vez que no siempre, tampoco, llevamos al mismo plano en que situamos nuestras personales preocupaciones los problemas de la sociedad de que formamos parte. La medida en que resultemos capaces de hacerlo va a depender del grado de aprecio en que tengamos los bienes del patrimonio común, tanto aquellos que nos vienen dados por herencia como los que hemos venido adquiriendo después mediante el esfuerzo solidario. Las jóvenes nacionalidades son, obviamente, más proclives al cambio, lo que hace que vivan hasta su completa madurez en una situación crónica de equilibrio inestable. Por el contrario, la tendencia colectiva a continuarse interviene de hecho en todo conflicto social como una fuerza más, que pudiéramos calificar de resistencia o inercia, la que tiene que ser inevitablemente abatida para que un cambio de magnitud revolucionaria pueda tener lugar.

¿Cuál fue nuestro comportamiento cuando enfrentamos semejante situación crítica? Ciertamente, no dimos muestras de madurez nacional, lejos de eso, hicimos propicio el cambio revolucionario, y es más, permitimos que la revolución se consolidase sin oponerle apenas resistencia cuando todavía estábamos a tiempo. Para probarlo no hace falta recurrir a muchos argumentos, basta con traer a la memoria las consignas de lucha que oíamos repetir a diario por doquiera y a todos los niveles de la población: "Que se vaya Batista pase lo que pase". Eso, antes que tuviese lugar el desenlace, porque una vez que empezamos a saber lo que nos esperaba no hubimos de escarmentar, antes bien, reincidimos en mantener la misma irresponsable conducta reemplazando sólo la anterior consigna con aquella otra no menos temeraria: "Si Fidel es comunista, pónganme en la lista".

¿Puede decirse, entonces, que los cubanos terminaron por encontrar lo que en realidad buscaban? Por supuesto que no, de haber sido así no podría culpárseles de irresponsables; ni querían ser comunistas ni quisieron aceptar que Castro lo fuera. Lo imperdonable de nuestra conducta estuvo, precisamente, en que colectivamente no actuamos motivados por ninguna sincera convicción ideológica ni atraídos por fundadas expectativas de mejoras económicas o sociales, sino a impulsos de inconfesables pasiones. Nos movió principalmente a hacer cuanto hicimos o dejamos de hacer, aunque ello parezca increíble, el imperioso prurito de ganar a toda costa y el malsano goce de ver humillado al enemigo político, a sabiendas de los riesgos que nos amenazaban, de que aún ganando podríamos resultar todos perdedores.

X

Toda auténtica revolucion implica una previa tarea destructiva dado que no se puede levantar una sociedad distinta sin demoler hasta sus cimientos la precedente; es decir, sin reducir a huesos, cenizas y piezas de museo cuanto antes tuvo vida o vigencia.

El nombre no hace a la cosa, claro esrá, pero eso mientras todos los nombres se apliquen a la misma cosa, pero no así cuando aplicamos la misma denominación para designar cosas distintas. Entonces se hace ya imposible el entendimiento ¿cómo decir que apoyo o me opongo a un movimiento que se hace llamar revolucionario si no sé de fijo de qué se trata? Pues eso ni más ni menos hubo de ocurrir entre nosotros cuando muchos creyeron sinceramente que apoyando el proyecto revolucionario que puso término a la República estaban realizando un nuevo asalto al poder político; es decir, repitiendo una experiencia que ya tenían bien ensayada. Por eso cuando empezaron a comprobar que se trataba de algo muy distinto, prefirieron cerrar los ojos a la realidad y seguir creyendo que estaban en lo cierto antes que tener que confesar que se habían equivocado. A esto último hemos sido siempre renuentes, mucho más cuando de nuestra errada conducta se derivan graves e irreparables daños, y de ahí que se haga oportuno el detenernos a examinar en qué consistió ese error de apreciación, es decir qué entendíamos entonces por revolución y a qué, en verdad, cumple dar ese nombre.

El uso impropio y abusivo del término ha llegado al extremo de verlo aplicado a cualquier insurrección, revuelta, asonada militar o golpe de Estado que logre o tan solo intente lograr la captura del poder político y aun a las hazañas subversivas de improvisados grupos guerrilleros y terroristas. Así, en esta América nuestra hay países que cuentan sus revoluciones por racimos y en los que tampoco faltan ejemplares vivos que se dicen veteranos de dos o más de las mismas. Absurdo sobre absurdo ya que, en puridad, esas jóvenes nacionalidades, con la excepción de Cuba, no han experimentado hasta el momento que esto escribo una auténtica revolución.

Si nos detenemos a analizar las distintas versiones circulantes del término revolución no tardaremos en sacarles a flote dos constantes: las ideas de cambio y violencia. Y es natural que eso ocurra porque ambos elementos están presentes y se hacen notoriamente aparentes en todos los procesos de esa índole. Pero como es también notorio que ni los móviles de dichos cambios ni sus últimos efectos en la sociedad que los experimenta resultan ser siempre los mismos, tenemos que llegar a la conclusión de que los elementos, cambio y violencia, no son por sí solos suficientes para definir el fenómeno revolucionario.

Definir es describir algo por sus predicados esenciales que son los que constituyen su verdadera naturaleza; cuando lo hacemos prescindimos de todo lo que aunque presente en la sustancia de lo que se trate, puede descartarse sin que dicha sustancia se altere. Sólo así, por vía de eliminación, podemos llegar a diferenciar una verdadera revolución de sus falsos homólogos.

Entendemos por revolución la ruptura violenta del equilibrio de un cuerpo social y su consiguiente desplazamiento en el espacio histórico hasta una nueva situación estable, radicalmente distinta de la precedente. Todas y cada una de esas condiciones deben cumplirse para que el hecho revolucionario se configure. Comencemos por lo que llamamos equilibrio social.

La vida en convivencia no puede realizarse en permanente desorden y por eso tiende espontáneamente a organizarse hasta encontrar en el Estado su más perfecta expresión jurídico-política. Una vez logrado ésto, cualquiera que fuere la estructura e ideología del régimen que se establezca e independientemente del grado de satisfacción de quienes conviven bajo el imperio de sus leyes, la sociedad entra en una situación de equilibrio, más o menos estable, pero que no deja de ser equilibrio hasta tanto la fuerza de inercia que lo sostiene no resulta abatida. Es entonces, sólo entonces, que se inicia el movimiento de cambio, lo que equivale por analogía a lo que ocurre con los cuerpos móviles en la física mecánica, a un desplazamiento del cuerpo social en el espacio histórico.

Ahora bien, no basta para configurar el hecho revolucionario que ese desplazamiento tenga lugar, ni aun en el caso de que el tránsito entre una y otra situación de equilibrio se haya efectuado mediando violencia. Precisa algo más, se hace necesario que la nueva realidad social resulte radicalmente distinta de la precedente; es decir, que el trazo de continuidad que va dibujando a su paso por el espacio histórico se vea interrumpido. El obstáculo con el que habremos de toparnos está en la dificultad de saber cuando esa interrupción ha tenido lugar, toda vez que para ello se requiere contar con cierta perspectiva. Hay que darle tiempo al cambio para que éste se haga aparente no ya en lo externo de la estructura del Estado, siempre visible a poca luz y al más corto de vista, sino en el verdadero sujeto de los cambios radicales, el propio cuerpo social.

Pero antes de abundar en esos últimos extremos conviene dejar precisado que, contrariamente a lo que suele pensarse, las nociones de evolución y revolución no están situadas en la misma escala separadas sólo por cuestión de grados, lo que nos lleva al error de suponer que basta con que el cause de los acontecimientos aumente peligrosamente su declive para que el caudal de enegía social se precipite en impetuoso torrente. No, una corriente de opinión pública puede acelerarse hasta llegar a desbordar los canales legales por los que circula convertida en verdadera insurrección, sin que los incentivos de lucha, es decir, los fines del cambio que se promueve se radicalicen al extremo de poder ser considerados como propiamente revolucionarios. La violencia en los procedimientos es una condición adjetiva, sirve para calificar a los movimientos que la emplean, no para definirlos. Lo sustantivo de una fuerza de cambio no está en sus manifestaciones externas sino en sus objetivos últimos, en sus verdaderas metas. Cuando el propio Lenin afirmaba que "el movimiento espontáneo de la clase obrera conduce contradictoriamente a subordinarla a la ideología burguesa" estaba implícitamente aceptando el carácter anómalo de las revoluciones, opuesto al normal proceso evolutivo de la sociedad, a lo que pudiéramos llamar su crecimiento vegetativo.

Si la evolución es lo normal, cabe pensar que el cambio revolucionario cae dentro del campo de lo patológico; que se tata de un mal social del que debemos prevenirnos mediante una oportuna profilaxis. Ese constituyó el criterio dominante durante todavía avanzado el siglo XIX, hasta que empezó a arruinarse incapaz de poder conciliarse con la nueva concepción de la historia y de la propia vida que el romanticismo trajo consigo. ¿Acaso no representó el gran movimiento romántico en esencia una revolución? Las genereciones que hicieron de la libertad un culto y que rompieron con todos los moldes que aprisionaban el pensamiento, la literatura y el arte, no podían dejar de acoger también con entusiasmo las explosiones populares de rebeldía que motivaban el despotismo y el coloniaje. Revolución y liberación se hicieron sinónimos y los llamados movimientos revolucionarios comenzaron a ponerse de moda. Así, los mismos argumentos que se habían utilizado para considerar a la revolución como una enfermedad del cuerpo social, algo parecido a un cancer que los corroe y destruye, sirvieron, vueltos al revés, para verlas como una reacción defensiva; verdaderos anticuerpos de los que la sociedad se vale para combatir sus peores males.

En cualquier caso, ambas posiciones críticas conllevan un juicio de valor y no se trata de saber si las revoluciones son buenas o malas, convenientes o inconvenientes, sino de distinguir cuando estamos o no en presencia de una auténtica revolución. Eso es lo que por el momento nos importa y ciertamente que no resulta empeño tan fácil como parece. La dificultad estriba no ya en las comunes características que suelen concurrir en los cambios cualquiera que fuese su índole, sino en nuestra natural tendencia a tomar de la realidad objetiva solamente los materiales que nos convienen para construir, de acuerdo con nuestros intereses, una imagen subjetiva de la misma; en otras palabras, a ver las cosas no como son sino como quisiéramos que fuesen. Además, lo que nos es dable ver en un movimiento de cambio durante las fases iniciales del proceso son sólo sus manifestaciones externas las que no siempre corresponden a la intrínseca naturaleza de los mismos. Es bien sabido que el camuflaje forma parte de las tácticas de lucha contemporáneas; se fingen actitudes y propósitos porque el fin justifica los medios y en estos casos el objetivo es hacerse del poder político para que el proyectado cambio pueda realizarse. Ahí está para probarlo la revolución cubana en la que sus protagonistas se despojaron del disfraz con el que ocultaban sus verdaderas intenciones ya una vez consolidados en el mando y comprobada la falta de una reacción eficaz por parte de cuantos la hicieron posible dejándose llamar a engaño.

Resumiendo, podríamos dejar sentado en lo que a la diferencia entre evolución y revolución se refiere, que las sociedades crecen mientras evolucionan y cuando experimentan una revolución dejan de crecer para transformarse, que equivale a dejar de ser lo que venían siendo. Precisamente por eso, aquellos a quienes toca el tránsito entre dos realidades distintas tienen la sensación de haber dado un salto en el vacío, al tiempo que en el panorama de su existencia comienza a ampliarse la distancia que separa el ayer del hoy. Por otras vías llega a esa misma conclusión André Ducouflé cuando nos dice: "El proyecto revolucionario es todo lo contrario del ideal lineal del progreso; expresa un cambio total de la vida colectiva".

Si bien el antievolucionismo es una condición sine qua non de toda fuerza de cambio auténticamente revolucionaria, no debe ésta interpretarse en el sentido de que le pone fin a la historia, sino que la renueva con un otro comienzo. En rigor de concepto no podemos salirnos del proceso histórico porque equivaldría a un colosal suicidio colectivo ya que la historia no nos es algo ajeno, no vamos montados a su grupa, estamos dentro de ella, somos, como bien dice Ortega y Gasset, la historia misma. Cuando cambiamos no desaparecemos para aparecer otros, seguimos siendo quienes éramos aunque en una forma distinta.

Así nos lo hace entender el propio Marx: "La Revolución no puede empezar si antes no ha liquidado toda superstición con respecto al pasado... Debe dejar que los muertos entierren a sus muertos para realizar su propio objetivo". Este último exabrupto nos da idea de lo que significa un cambio auténticamente revolucionario: construir una sociedad distinta sobre el cementerio de la precedente, no sin antes convertir en huesos, cenizas y piezas de museo cuanto antes tuvo vida o vigencia como tradición o como mito.

No debe quedar la menor duda que nuestras llamadas revoluciones, me refiero a todas las que han venido teniendo lugar en esta América nuestra con la excepción de la marxista cubana de 1959, no pasaron de constituir violentos empeños reformistas más o menos logrados. Sus objetivos estuvieron dirigidos ya a restituir el orden constitucional interrumpido, ya a castigar excesos de gobiernos despóticos, ya a superar una insoportable situación de agobio económico o ya, simplemente, a abrir paso a su ascenso al poder político a partidos o grupos impacientes que se sabían incapaces por las vías legales de una elección. Dicho con otras palabras, se proponían poner la casa común en orden, no así a destruirla para fabricar sobre sus escombros una casa nueva.

Reformamos siempre y cuando el sujeto de enmiendas no pierda su identidad. Si lleváramos esas enmiendas al punto de hacer lo que reformamos irreconocible dejaríamos ya de ser meros reformadores para constituirnos en innovadores. Una sociedad puede experimentar sucesivas y múltiples reformas estructurales sin que su infraestructura cultural sufra cambio alguno, ésto únicamente puede ocurrir cuando se trata de una revolución. Ello explica el por qué las naciones de Hispanoámerica una vez sobrepasado sus largos períodos de despotismo político han podido recobrar su ritmo tradicional de vida. Rosas, Gómez y Trujillo, por solo mencionar los más representativos autócratas, contaron con autoridad suficiente para llegar a congelar durante décadas el normal proceso evolutivo de sus respectivos pueblos, y durante esos largos años contaron de hecho con las mismas armas con que cuentan hoy los regímenes marxistas. Pero no las emplearon con el mismo fin; no se sirvieron de ellas para cambiarlos por dentro. Ni tan solo lo intentaron, simplemente, porque no estaba en sus proyectos.

Muy por el contrario, nuestros caudillos tradicionales ponían al orden por divisa, se autotitulaban restauradores de la paz y estabilidad, que era lo esperado ya que surgían invariablemente del desgobierno cuando no de la anarquía. Por eso pudieron hacerse del poder; ellos traían consigo el cambio, palabra mágica, acaso, la más ilusionante y engañosa a la vez cuando se la enuncia como promesa de relevo de hombres y renuevo de procedimientos, porque cada quien puede interpretar el cambio a su manera y hasta creerse incluido en la lista de los reemplazantes....

Otro claro distingo entre los movimientos reformistas y los de índole revolucionaria está en que no obstante fijarse ambos como meta inmediata la toma del poder político, los primeros se dan por terminados cuando la alcanzan en tanto que los segundos se sirven del poder para el logro de sus ulteriores metas. Puede decirse, con otras palabras, que las revoluciones comienzan donde los movimientos reformistas terminan, así como también, que no hay, no podría haberlas, revoluciones a medias, éstas son siempre un hecho consumado, lo que sí caben darse son intentos fallidos. No pasaron de esa categoría los casos de Arbenz en Guatemala, Allende en Chile y más recientemente el de los Sandinistas en Nicaragua. Allí donde no ha llegado a tener lugar un cambio fundamental en las condiciones de producción y distribución de las riquezas, donde el estilo de vida de la sociedad no ha experimentado una radical transformación y el nuevo orden no ha logrado llevarla a una situación estable de equilibrio, no cumple hablar de revolución. Y si contituye un error seguir pensando que fueron tales, más equivocado todavía resulta tomar esos casos como referencia o ejemplo de lo que procede hacer para restaurar el viejo orden en países que, como Cuba, hubieron de perderlo a través de un cambio propiamente revolucionario.

He oído a muchos de mis compatriotas durante el destierro aludir a la revolución que hubimos de experimentar como si se tratara de un terremoto o cualquiera otra catástrofe que nada podemos hacer por evitar y de las que sólo cabe lamentar sus consecuencias. Ello equivale a tanto como a atribuirles una generación espontánea y, consecuentemente, a sentirnos liberados de toda responsabilidad. Otra versión generalizada y no menos evasiva, tiende a considerarlas puro producto de las circunstancias. Ni la una ni la otra se ajusta a la realidad; las revoluciones las hacen los hombres y las circunstancias solo intervienen para hacerlas más o menos propicias.

Puede afirmarse sin temor a equivocarnos que todos los cambios sociales que han tenido lugar, cualquiera que haya sido su índole, han contado con un editor responsable y no dejaron de pasar en ningún caso por la fase inicial de proyecto. Este puede definirse como la formulación práctica de una idea-propósito compartida por un grupo más o menos numeroso de individuos que asumen su dirección. Es en esa forma de proyecto que dicha idea-propósito puede circular y propagarse en la opinión pública hasta llegar a constituir una auténtica fuerza de cambio. Claro que el proselitismo tiene lugar por simple adhesión, lo que implica estar aceptando el proyecto de que se trata en la versión que se nos presenta, la que no siempre refleja fielmente las verdaderas intenciones de sus gestores.

Eso último hubo de ocurrir en el caso cubano cuando las mayorías populares prestaron su incondicional respaldo al proyecto que se vendía bajo el rótulo de "26 de Julio" en la falsa creencia de que se trataba de un movimiento insurreccional más de pura razón reformista. No sabían sus enardecidos seguidores que estaban viabilizando aquella vez un cambio auténticamente revolucionario, aunque mejor debería decir, que prefirieron no querer suponerlo dado que abundaban los motivos para sospecharlo. Bastaba para ello con revisar los antecedentes delictivos de quien se erigió en cabeza y guía del mismo, así como recordar su estrecha vinculación con el marxismo internacional que se había hecho ya patente participando en el llamado "Bogotazo" de Colombia de inspiración comunista.

Si, ciertamente, a Fidel Castro puede culpársele de muchos crímenes tanto comunes como políticos, así como aplicársele por otras razones, los peores epítetos, pero el único tal vez que no le cuadra en justicia es el de traidor. La traición sólo puede tener lugar cuando se quebranta la lealtad o fidelidad a las ideas que han venido informando nuestra conducta y él demostró con los hechos que no las abandonó nunca, que siguió siendo quien era y que si llegado el momento escondió sus verdaderos propósitos, fue por táctica; vale decir, para poder hacerlos viables.

Y ¿qué podemos decir que era en verdad? Porque no faltan los que le niegan a Castro una formación propiamente marxista y no sin fundamento. Tal vez si en lo que a su filosofía política concierne mintiera también por pura táctica, pero de lo que no debe cabernos la menor duda es que ajustó su comportamiento antes y después del triunfo de la revolución a las más estrictas reglas del marxismo-leninismo. Esto último puede parecer contradictorio y vale la pena que lo aclaremos.

Ante todo debemos debemos admitir que Marxismo y Leninismo aunque se enuncian como un binomio dentro de la misma fórmula, no son términos inseparables. El marxismo pertenece al mundo de las especulaciones filosóficas donde figura como una interpretación de la dinámica social basada en el determinismo económico, en tanto que el leninismo es pura técnica revolucionaria; arte, no ciencia, acción, no mera especulación, práctica, no teoría.

Para Marx, como para Engel, la historia era lucha, especialmente lucha de clases y siendo la beligerancia el estado sustantivo de la sociedad había necesidad de agruparse para ir mejor preparados al combate. Tal conclusión los lleva a lanzar en el anacrónico Manifiesto Comunista de 1848, el angustioso grito de "Proletarios del mundo, uníos". Pero ese grito hubo de encontrar poco eco y seguramente habría acabado por extinguirse como el de los falansterios de Fourier y el de tantos otros revolucionarios utopistas, no haber dispuesto del instrumento idóneo capaz de recogerlo e imprimirle una nueva sonoridad de permanente resonancia. Ese útil instrumento no fue otro que el Partido Comunista, hechura de Lenin.

Para Lenin el partido significaba mucho más que una agrupación de hombres libres ligados por un interés común y orientados hacia el logro de objetivos políticos concretos, porque para él la militancia implicaba la entrega absoluta de la voluntad; suponía lo que llamó el "espíritu militante", una forma de dejar de ser quienes somos, de deshumanizarnos para convertirnos en pieza de un colosal instrumento de acción colectiva. Insertados ya en su complejo mecanismo, nuestras ideas y sentimientos habrán de ser para siempre partidistas; la verdad y la justicia hay que buscarlas allí, en el Partido porque sólo éste las conoce y administra. Consecuentemente, todo lo que se le opone es un embuste o una falsificación que debe eliminarse sin reparos.

Durante sus largos años de exilio estuvo Vladimir Ilich construyendo y perfeccionando esa monstruosa noción de partido, verdadera entelequia que no necesita justificarse porque lleva en sí el principio de su acción y tiende por sí misma a su fin propio.

Comenzó a ponerla en práctica todavía en 1903 cuando la única agrupación política de ideología marxista existente por entonces en Rusia, la Social Democracia de los Trabajadores, se escinde durante su memorable reunión de Bruselas en dos fracciones que llegarían a ser irreconciliables rivales: la mayoritaria Bolchevique y la minoritaria Menchevique. El motivo de aquella enconada ruptura resulta ser bien significativa: el partido de la revolución no podía seguir siendo abierto a una irrestricta membresía, sino todo lo contrario, un aparato hermético al que sólo podían tener acceso los aptos para aceptar su disciplina y cumplir incondicionalmente sus mandatos. No se puede confiar a las masas la tarea de hacer posible la revolución, ellas huyen al ruido del primer disparo, el partido necesita de hombres dispuestos a morir por él si fuese necesario. Lenin se anotó aquella primera batalla y la estructura de lo que llegaría a ser el Partido Comunista comenzó a descansar sobre bases sólidas.

El lector no debe pasar por alto el hecho de que al poner en manos de un grupo de elegidos el arma destinada a luchar por una sociedad sin clases, última meta del marxismo, el gran estratega de la revolución estaba a su vez propiciando la formación de una nueva que llegaría a ser más excluyente y autoritaria que la propia aristocracia de su tiempo. Pero el contrapunteo entre la teoría y la práctica de la fórmula marxismo-leninismo no se agota ahí sino que continúa en aumento a medida que se hace necesario aplicarla a distintas situaciones y a otros escenarios; cuando ya no se trata solamente de conquistar el poder sino de lo que es más complejo, retenerlo y expandirlo. En ese inútil esfuerzo por conciliar ambos términos del binomio sin renunciar a los objetivos políticos del momento, los encargados de aplicar la fórmula de marras han llegado a desbalancearla al punto de poner en riesgo de perderse la razón marxista que le dio origen. Lo que no empece para tener que admitir los crecientes saldos favorables de la técnica revolucionaria del Leninismo cada día más perfeccionada y efectiva.

Claro que, en general, la teoría anda siempre en desventaja con los métodos de ponerla en práctica, toda vez que la primera no puede ser reformada sin que se produzca una pérdida de su sustancia; es decir, sin desvirtuar en alguna medida su identidad conceptual, en tanto que las reglas de aplicación son siempre susceptibles de ser modificadas y aun reemplazadas por otras nuevas. Algo parecido ocurre con las células nerviosas del cerebro, donde anidan nuestros pensamientos, también ellas se dañan para siempre sin posibilidades de regeneración, todo lo contrario de lo que pasa con las del tejido muscular que acciona nuestros movimientos.

Negar la lucha de clases como motor del proceso social, prescindir de la violencia como medio de operar el cambio inevitable y reconocer implícitamente el derecho de participación de las minorías acogiéndose voluntariamente al régimen de pluralidad de partidos, tal como hace el euro-comunismo, equivale a privar al socialismo científico de su base teórica de sustentación. Ciertamente, no se puede ser marxista a medias como tampoco se puede ser católico de ocasión. Lo que sí se puede es servirse de una ideología con fines prácticos; utilizarla como máscara o señuelo, y no sólo se puede, sino que es lo que viene haciendo la Unión Soviética cuando utiliza la etiqueta del Marxismo para lanzar al mercado internacional un producto falsificado de fabricación casera "made in Rusia".

No, evidentemente ninguno de esos regímenes del tercer mundo de nuevo cuño marxista pueden pasar la prueba de autenticidad sin dejar al descubierto su origen espurio. Tomemos, por ejemplo, los casos de Mozambique, Congo, Etiopía, Angola, Argelia y Libia entre otros semejantes al momento que escribo. ¿Qué espontáneo y legítimo anhelo de transformación social y justicia distributiva cabe suponer en pueblos de tan bajos niveles de integracion y desarrollo? ¿Qué inevitable conflicto de clases puede invocarse? ¿Es que puede hablarse seriamente de síntesis dialéctica socialista donde no se ha llegado a plantear nunca una tesis propiamente capitalista? En países como esos, la mayoría de los cuales distan de constituir aún auténticas nacionalidades, pueden darse violentas reacciones colectivas contra invasores extranjeros, al igual que se han dado insurrecciones anticolonialistas; pueden generarse en ellos, también, verdaderas guerras intestinas motivadas por insolubles antagonismos tribales y religiosos, así como levantamientos militares de franco caracter caudillista. Todo ello es posible pero lo que no pueden tener lugar en esos países son auténticas revoluciones de ideología marxista por la sencilla razón de que no existen, utilizando sus propios argumentos, las condiciones objetivas que las hagan posibles.

¡Y qué decir de las explosiones guerrilleras de este subcontinente nuestro todavía cósmico ya que no sabemos cuando acabará por ser de una vez por todas el esperado Nuevo Mundo que quisimos ver! Por supuesto que no las inspira la ideología marxista de la que sólo toman el nombre y eso porque se lo exigen quienes desde lejos las alimentan. Sería de reírse si no resultaran cruentos sus asaltos, secuestros y otras tantas fechorías, porque no hay nada de serio ni de auténtico en esos burdos simulacros revolucionarios en los que se fingen desde los principios que dicen inspirarlos hasta los propósitos que declaran perseguir. ¿Puede tomarse en serio un movimiento revolucionario que empieza por resucitar un anarquismo anacrónico haciéndose llamar "Sendero Luminoso"? Pues ese no es la excepción ya que los restantes brotes subversivos tales como "Frente Popular", "Movimiento de liberación nacional", etc., son otras tantas cajas de resonancia vacías de contenido ideológico porque, en verdad, ni la proclamada unidad existe ni los que hacen coro a los cánticos de liberación saben de fijo, ni tampoco se lo preguntan, de quien se están liberando.

No, las guerrillas no hacen revoluciones aunque resultan capaces de quebrantar la paz pública y llevar al país que las sufre a graves situaciones tanto económicas como políticas. Ellas distan mucho de ser el producto espontáneo de la penuria social que los aqueja, por el contrario, son sembradas artificialmente con el deliberado propósito de acrecentarla; van dirigidas a desestabilizar sus instituciones básicas creando las condiciones propicias para llevar a cabo el asalto a los poderes del Estado, fin último de quienes resultan ser sus ocultos gestores. En efecto, la mayoría de esos brotes insurreccionales provienen del exterior, son productos prefabricados sin tener para nada en cuenta la voluntad social y las legítimas aspiraciones de los países que las sufren. Sus agentes del patio sólo tienen que armar siguiendo sin apartarse las instrucciones que le llegan con los planos.

Por un largo tiempo la Unión Soviética, ya directamente o ya por intermedio de sus Estados satélites, ha venido llevando a cabo sus planes expansionistas en Africa, Asia e Hispanoamérica sirviéndose de la ideología marxista y de los métodos leninistas al igual que Roma, siglos atrás, empleara sus legiones, aunque en verdad, pienso que ya también como el Imperio Romano le llegó al imperialismo soviético la etapa de una irreversible decadencia. Sus armas ideológicas están demasiado melladas para resultar eficaces en los combates de la opinión pública y sus legionarios han perdido con el vigor de la juventud el mito de su incontenible pujanza. Cuba puede que haya sido el último de los proclamados triunfos del marxismo, no sólo aquí en nuestra América sino en el mundo.

XI

Acusar a Castro de traición no pasa de ser una excusa para sacudirnos la responsabilidad que a todos nos alcanza.

Es comprensible que los mal informados autores extranjeros que enjuician el caso cubano incurran en crasos errores de apreciación si nosotros mismos, los que lo sufrimos como experiencia, no convenimos en una explicación, aunque mejor cabría decir, preferimos seguir explicándolo por las versiones que mejor se avienen a justificar nuestras pasadas conductas.

Está fuera de toda discusión el hecho de que Cuba no tenía planteada ninguna cuestión de índole económica ni social que propiciara la radicalización de las aspiraciones colectivas dentro de fórmulas de solución marxistas. No, la problemática cubana estuvo siempre enmarcada en un contexto genuinamente político. Se repetía, una vez más con ligeras variantes, la misma inveterada pugna de aspiraciones partidistas; la misma enconada lucha entre los que ambicionaban el poder y los que se empeñaban en retenerlo mediante el empleo de los ya ensayados métodos terroristas de una parte y el uso abusivo de las prácticas represivas de la otra. Los cruentos y frustrados ataques al Palacio Presidencial en la Habana y al Cuartel Moncada en Santiago de Cuba, fueron los hechos sobresalientes de la etapa precursora del desembarque de la expedición armada del Gradma, organizada en México con el conocimiento de sus autoridades y los auspicios de la Embajada Soviética en ese país.

A partir de entonces la atención pública empezó a fijarse en la Sierra Maestra, principal escenario de las acciones guerrilleras y, progresivamente, el pequeño núcleo de insurrectos fue ganando notoriedad y polarizando la antes dispersa actividad subversiva de carácter terrorista así como ganando opinión pública bastante para llegar a influir decisivamente en las determinaciones de los partidos políticos de oposición. Ya en 1957, dos años antes de tener lugar el esperado desenlace de aquel acontecer sólo cumplía hablarse de un movimiento revolucionario, el 26 de Julio, y de un indiscutible líder insurrecto, Fidel Castro.

¿Fueron esos hechos que consigno arte de magia o debemos atribuirlos, acaso, al carisma de una vigorosa y atractiva personalidad? Ni lo uno ni lo otro, nada hay de prodigioso en ese acontecer, como tampoco cabe atribuir a Fidel Castro el carisma de un Tito o de un Mao-Tse-Tung. Estos personajes llegaron al escenario de los hechos que les darían relieve histórico precedidos de actuaciones que contribuían al destaque y popularidad de sus respectivas personalidades, no fueron como el nuestro producto de la improvisación y, por el contrario, con antecedentes nada favorables para ganar el favor y la confianza pública.

Atribuir a Castro la gestión del movimiento insurreccional que lleva su nombre, es falsear la realidad tomándola sólo por su apariencia externa. El fue, sin dudas, el arquitecto del proyecto revolucionario que terminó por prevalecer y llevarse a vías de hecho, eso es innegable, pero los materiales para la obra no los puso él, los encontró ya dispuestos sobre el terreno y se limitó a utilizarlos. Nadie por grandes que fueren sus aptitudes y vigorosa su voluntad hubiese podido llevar a la práctica empeño de semejante naturaleza de haberle faltado las condiciones propicias.

Recordemos que las circunstancias no están constituidas sólo por las cosas del mundo exterior ni por los acontecimientos en que nos vemos envueltos, sino también por nuestros modos colectivos de ser y de conducirnos; las reacciones típicas que adoptamos frente a los estímulos de que somos objeto, esa variedad de actitudes de interés o despego, de aprovechamiento o de rechazo que vamos adoptando por tendencia sin proponérnoslo y, a veces, sin saberlo. Todo eso son también circunstancias, y así cuando digo que el proyecto revolucionario de Fidel Castro se aprovechó de éstas, estoy implícitamente aceptando que se sirvió como instrumento para sus fines de nuestras aptitudes y nuestros vicios, de nuestros arrestos y flaquezas, en otras palabras, de lo que resultaban ser los cubanos de entonces, individual y colectivamente.

De ahí que cualquiera que hubiese sido el bando del conflicto político en el que estuviésemos situados, todos los cubanos, sin excepción, contribuimos a hacer posible la revolución de cuya responsabilidad tantos quieren sacudirse. Y hay más aún de significativo en nuestra participación, ya que no nos limitamos a poner los materiales para la fabricación de la obra revolucionaria sino que fabricamos también, con materiales de la fantasía, al llamado a ser su arquitecto, porque el Fidel Castro a quien fuimos cediendo voluntaria e incondicionalmente nuestros derechos de decisión no era ya el auténtico sino su idealización. Tan fue así que cuando hubo de despojarse de los falsos atributos conque lo revestimos, seguimos viendo en él al legendario Robin Hood, habilitado de todas las virtudes, capaz de vencer todos los obstáculos y de reparar todas las injusticias.

No faltaron en aquella crítica coyuntura histórica, al igual que en otras anteriores crisis, quienes alzaron sus voces de alerta advirtiéndonos los peligros que nos amenazaban y del error en que incurríamos escogiendo la vía de la insurrección y del terrorismo para derimir el conflicto político del momento, pero no le prestamos oído desechando, una tras otra, todas las oportunidades de entendimiento pacífico. La postrera de esas oportunidades, la que nos brindara la celebración de las elecciones de 1958 y la que indudablemente hubiese asegurado la del régimen republicano dio al malograrse la medida del ralajamiento de la conciencia ciudadana, incapaz ya de discernir de qué lado estaban los comunes intereses, cuando había que poner freno a las pasiones ni en qué consistía el patriotismo.

Tuvimos lo que por entonces querían los más y lo que los que no lo queríamos terminamos por aceptar; unos por cobardía, otros por resignación que aunque resulta ser también una forma de cobardía tiene sus atenuantes. No quiero con esto decir que queríamos el comunismo como solución, tal posibilidad se daba todavía por descartada. Queríamos el cambio por el cambio mismo; por lo que trae consigo de inesperado y promisorio, mientras más radical e impreciso mejor, porque cada quien puede imaginarlo a su antojo. Castro sabía eso perfectamente y contó con ello cuando diseñó su plan de lucha y formuló su proyecto de revolución, de ahí que ocultara sus verdaderos fines y nos dejara saber solamente lo que queríamos oír del mismo. El acierto que hay que reconocerle consistió, precisamente, en saber aprovechar las circunstancias hasta el máximo de las posibilidades del momento sin exceder nunca ese límite. Con ello nos dejó demostrado Castro su buena formación leninista. Esa bien ensayada técnica de lucha se caracteriza por su flexibilidad de maniobra al tiempo que por su fijeza de objetivos, la simulación y el embuste son sus habituales métodos tácticos de apoyo. El propio arsenal teórico del que se sirve como instrumento de propaganda lo radicaliza o modera según lo aconsejan las circunstancias, así, los mismos argumentos que emplea para justificar la violencia cuando se trata de conquistar el poder, puestos de revés, sirven para explicar la más brutal represión cuando lo que importa es conservarlo.

Se nos hace difícil reconocer nuestros errores de apreciación y que todos, en mayor o menor medida, necesitemos justificarnos llegado el caso, tanto ante la opinión pública como ante nuestra propia conciencia; es decir, autojustificarnos. Ahora bien, cuando a impulsos de inconfesables sentimientos llevamos esa conducta a extremos de no haber reparado en medios, entonces, necesitamos más, necesitamos absolvernos, y de ahí que busquemos el amparo de cuantos han compartido nuestra responsabilidad y que nos sintamos inclinados a aceptar todos los argumentos que abonan en nuestro favor aunque carezcan de una base de sustentación realista. Están en este último caso los que sostienen la socorrida tesis de la revolución traicionada.

Ya tenemos dicho que de lo único que no podríamos culpar al auténtico Fidel Castro sería de traición dado que nunca dejó de abrigar las ideas y perseguir los propósitos que lo habían impulsado siempre y si nos empeñamos en ver traición en el error que cometimos incorporándonos a su revolución en la creencia de que se trataba de otra distinta porque así nos lo hizo ver, no pasa de ser una excusa a destiempo porque motivos y ocasión tuvimos de compobar que nos estábamos equivocando medio a medio. En cualquier caso, el que así nos engañaba era el otro Fidel Castro, el que no existió nunca en verdad más allá de nuestra imaginación.

Por analogía con esa duplicidad de personajes y situaciones que nos plantea la tesis de la revolución traicionada, viene a mi memoria una anécdota que, aunque festiva, vale la pena traerla a colación atenidos a que en tono de broma pueden darse también mensajes serios. Se cuenta que hallándose un curro mal herido de una cornada dio por toda justificación del percance el siguiente reporte: "Pues vea usted, señor gendarme, yo venía de regreso de una romería con unas copas de más cuando acerté a divisar por la dehesa a un toro que venía hacia mí con no sé qué intenciones y, por si las moscas, corrí a ponerme a salvo en el primer árbol que encontrase, pero como dado mi estado veía doble, alcanzaba a ver dos toros y dos árboles, todo con muy mala suerte pues me trepé al árbol que no era y me ensartó el toro que era".

La pasión llevada a límites de exceso tiene efectos mas deteriorantes que el alcohol ya que no se limita a los sentidos sino que nos intoxica la mente haciéndonos incapaces de discernir el bien del mal, lo justo de lo injusto, lo prudente y sensato de lo inconsecuente y temerario. Seguramente que no estaban sobrios los que no alcanzaron a ver por transparencia de los hechos los riesgos que corríamos ni de que lado estaba la razón, y lo que es más, prefirieron seguir abrazados a la falsa causa aún después de haber experimentado las primeras embestidas de la realidad.

UN EPILOGO AL PASADO Y UN PROLOGO AL FUTURO

Epilogar es resumir, capitular, el epílogo vino constituyendo desde los orígenes del teatro griego el remate obligado de las representaciones dramáticas y por extensión se usa en literatura para sellar una obra, pero cómo epilogar el drama de la sociedad cubana cuando ni siquiera se ha bajado aún el telón para el entreacto? Porque aceptando que todo empezó con la puesta en escena del régimen marxista no cabe suponer que todo también termine cuando el mismo se extinga de una u otra forma, ya que ello supondría dejarlo inconcluso en la inquietante expectativa de su verdadero desenlace que sólo podría tener lugar cuando otro nuevo orden de reemplazo se instale definitivamente.

Comprendo que los espectadores se inquieten porque la trama va resultando demasiado larga y penosa así como cada vez peor la actuación de sus protagonistas, pero no deben llamarse a engaño dando por terminada la obra cuando vean bajar el telón, ya que habrán de asistir sólo al intermedio, el que por cierto, no tratándose en nuestro caso de una pieza de ficción sino de un drama de la realidad dista mucho de representar un lapso de descanso y disipación, antes bien, de difícil e inquietante tránsito entre dos situaciones que se oponen y rechazan mutuamente. Los que aciertan a vivirlos no sospechan la mayoría de las veces que están prolongando la segunda parte de su propio drama; de saberlo seguramente que se cuidarían mucho de repetir los mismos errores en que incurrieran cuando prolongaron la primera.

Ante todo debieran tener bien presente que continúan asistiendo a la misma representación y si bien el teatro de los hechos sigue siendo el de antes, su escenario habrá cambiado por completo de aspecto, así como también serán otros los personajes del elenco, pues aunque algunos de los viejos actores podrán hacer su reaparición en la escena durante los primeros cuadros, sus nuevos papeles dejarán de ser ya los protagónicos.

Tales advertencias son aplicables a todos los cubanos, no importa donde se hallen situados ni si les tocó nacer antes o después de la revolución, aunque son, por supuesto, aquellos que ya dentro o fuera de Cuba no se limitan a tener un pasado que recordar sino que se empeñan en el imposible de volverlo a hacer presente, a quienes más conviene aplicarlas. Ellos, aún representando ya una cubanía en vías de extinción, son todavía suficientemente numerosos y activos para contribuir a hacer el proceso de tránsito más conflictivo y difícil. Esto último debe atribuirse a que el término reencuentro con el ayer implica la idea de retorno a un pasado que no está solamente en las cosas que dejamos atrás sino en nosotros mismos, supone la vuelta a la práctica de nuestras viejas formas de comportamiento; en otras palabras, el volver a tener lo que teníamos y a seguir siendo como éramos. Y es ahí donde está el grave riesgo de vernos repetidos, porque todo, absolutamente todo lo que logramos construir durante largos años, no lo destruyó un cataclismo ni un invasor extranjero sino una revolución que hicimos posible, precisamente, por haber sido como fuimos.

Claro que no podemos anticipar con certeza cual habrá de ser el comportamiento del cubano en llegando a esa próxima coyuntura histórica, pero si cabe suponerlo en base a los antecedentes del proceso republicano que hemos analizado y de las propias actitudes con que vienen enfocándola. Estas, las actitudes, son reveladoras por sí mismas porque nos predisponen a seguir determinados derroteros de conducta, los que suelen resultar, por cierto, los que mejor se avienen a nuestros personales intereses.

Así, por ejemplo, los que no obstante los años transcurridos han venido actualizando su pasado en el recuerdo y siguen considerándose víctimas inocentes de un incalificable despojo, sólo aspiran al rescate de lo perdido y su actitud no puede ser otra que la consecuente, vale decir, la de impaciente espera a que se les haga justicia de una vez y cuanto antes. Los que teniendo también un pasado que recordar no lo añoran porque han logrado en el destierro un presente mejor, suelen mantener una actitud equívoca, la propia de quienes no son sinceros consigo mismos, debido a que sintiéndose un tanto culpables de su involuntaria indiferencia por lo que en lejana patria pueda ocurrir se esfuerzan en engañarse haciendo coro al radicalismo de los antes señalados.

También aguardan, pero de otra manera, quienes viviendo inmersos en la realidad cubana sin posibilidades de evadirla han dejado de pensar en el pasado porque sólo les preocupan los apremios del cotidiano presente y sólo aspiran a un porvenir mejor. Pudiera decirse que no esperan sino que desesperan, y por eso es ya distinta la actitud que adoptan frente a la problemática del país como habrán de resultar también distintas sus reacciones llegado el momento del ansiado cambio. Ellos se mostrarán seguramente dispuestos a aceptar cualquier solución política que les comporte un alivio, aun cuando la repudien por menguada los intransigentes que pueden permitirse el lujo de seguir esperando.

Por su parte aquellos que han venido sirviendo o sirviéndose del régimen en quiebra, de fijo que asumirán una actitud de asecho, prontos a simular sentimientos y fingir situaciones, porque no se trata ahora de buscar alivio a insoportables sufrimientos, sino de salvarse de peores riesgos; se trata de sobrevivir al cambio, ni más ni menos el mismo proceder que décadas atrás hubieron de seguir sus padres, o acaso, ellos mismos. Y ¿qué pensar de cuantos, por el contrario, han sido objeto de acusaciones injustas y crueles castigos? A no dudarlo son las verdaderas víctimas del régimen, pues no obstante alcanzarles su parte alícuota de responsabilidad por haber posibilitado su implantación pueden alegar que saldaron esa cuenta combatiéndolo, en ocasiones, con exposición de la propia vida. Si, es de suponer que ellos también mantengan en su oportunidad una actitud expectante, aunque en este caso con vistas a rehuir presumibles riesgos, sino al revés, a ser premiados como creen merecer. Se dirá que quienes a tan duras pruebas se sometieron actuaban con indudable altruismo, lo que es verdad, pero no lo es menos que sus méritos constituyen inversiones redituables de capital patriótico cuyos dividendos pueden variar una vez llevados al mercado de valores de la opinión pública y es explicable que sus tenedores se vean inclinados a aceptar las ofertas más tentadoras.

No constituyen esas, claro está, todo el repertorio de las posibles reacciones, pero sí las bastantes para que nos formemos una idea anticipada del conflicto de intereses que habrá inevitablemente de plantearse y que estaremos forzados a resolver. Será entonces cuando de nuevo nos pondremos a prueba porque llegado ese momento sólo serán ya los hechos los que cuenten. Sin embargo, doy por seguro que si me fuere dable preguntar qué opinan al respecto a cuantos alcanzaron a vivir los años precursores de la revolución cubana, la mayoría me respondería sin vacilaciones que a esas interrogantes del futuro ya les iremos buscando soluciones a su tiempo porque lo único que por ahora importa es -utilizando las palabras que a diario escucho- que caiga Castro y su camarilla de traidores y asesinos.

Salta a la vista la semejanza de actitudes con la precedente de tan lamentables consecuencias: "que se vaya Batista, pase lo que pase". Y más atrás en la historia, con la no menos imprevisora actitud de quienes nos dieron la República, porque ellos también en su ardor patriótico lo confiaron todo al gran milagro de la independencia.

Vuelve a tener plena vigencia el consejo de nuestro mentor Varona al que hicimos referencia: "Hay que estar en forma para la reforma". Y qué es estar en forma sino adecuarnos a las circunstancias, hacer en cada momento lo que el momento exige de nosotros? Esa es la fórmula del buen éxito, no aplicarla constituye un proceder irresponsable cuando no temerario. Para ponernos en forma lo primero que se requiere es el propósito, toda vez que si pensamos que no nos hace falta, que estamos suficientemente preparados para afrontar las posibles contingencias del trance que se avecina, desde luego que ni siquiera habremos de intentarlo. Pero aun eso no basta, precisa también prever lo que nos espera dentro de un marco realista de posibilidades y en esto último vale la pena insistir ya que mucho me temo que nos estemos formando una falsa idea de lo que habremos de encontrar.

Recordemos que las ideas que formamos sobre las cosas de nuestro contorno y tomamos como verdades las vamos formando con materiales tanto de la realidad como de la fantasía; tendemos a tomar por auténtico lo que quisiéramos que fuese y tal como más nos conviene, y si eso tiene lugar en el plano de lo actual y auténtico, cuanto mayores serán los riesgos de distorsión cuando estamos configurando la imagen de una realidad futura.

Entre las falsas presunciones a las que se les viene dando categoría de verdades indiscutibles acaso ninguna otra puede acarrear peores consecuencias que la de suponer que los cubanos del destierro y los de la isla siguen constituyendo un solo cuerpo social identificado en sentimientos y aspiraciones y que, consecuentemente, habrán de reaccionar colectivamente también al unísono. Esa presunción se da por supuesto sólo en esta vertiente del exilio ya que quienes comparten las experiencias de la realidad cubana en el territorio de la isla distan en su mayoría de verlo así.

El hecho de que coincidamos en el deseo de poner término a la situación imperante no implica necesariamente que coincidamos en la forma de conseguirlo ni en la naturaleza y estilo de los cambios a aplicar. Pienso que mucho contribuye a hacernos suponer que seguimos siendo los de ayer la reiterada afirmación de que el ensayo por crear al hombre nuevo ha fracasado en Cuba. A eso se podría añadir que no solamente ha constituido un fiasco allí, sino en todas partes donde se ha intentado, pero ello no pasa de ser una verdad a medias ya que si bien es cierto que las revoluciones no logran cambiarnos por completo sí alcanzan a deformarnos lo que resulta bastante para hacernos distintos.

Durante medio siglo de vida republicana no dejamos de evolucionar pero en la misma dirección sin perder el compás cultural que veníamos manteniendo desde la colonia, por eso podíamos decir que nos continuábamos. La revolución nos cambió el compás; nos dio otras directrices radicalmente distintas a las que seguíamos y por eso podemos afirmar que nos discontinuamos. Ya hemos visto que la personalidad colectiva, la que proyectan los pueblos y la que termina imprimiéndole un estilo peculiar a su comportamiento, es una resultante de factores de muy distinta naturaleza. Siendo así se hace comprensible que la estabilidad social dependa en definitiva tanto de la permanencia como del equilibrio que mantengan entre sí dichos factores.

La sociedad cubana no se ha limitado a experimentar cambios institucionales en la estructura del Estado, sino, lo que es más significativo, en su infraestructura. Estos últimos han llegado a modificar su composición étnica y a alterar las relaciones de convivencia tanto pasivas como activas; vale decir, las representadas por el repertorio de creencias, sentimientos y emociones que tipificaban nuestra personalidad colectiva y venían informando su comportamiento, así como también las que mantenían la cohesión interna de nuestro complejo social no ya individualmente como pueblo sino colectivamente como nación. Debemos de tener presente que eso que llamamos nación es máś que un agregado de numerosos individuos, un conjunto articulado de agrupaciones individuales que bien pudiéramos comparar con el cuerpo humano donde no son las células por sí mismas sino sus agrupaciones en tejidos, los que una vez diferenciados terminan dándoles funciones y movimientos.

Bien sabía Lenin que estaba asestando un golpe mortal a la sociedad rusa de su tiempo cuando tomó de Marx la teoría de la lucha de clases como motor del proceso histórico para convertirla en arma de destrucción revolucionaria. El error radica en atribuir a las clases sociales una significación puramente económica porque si bien es verdad que las condiciones imperantes de producción, cambio y distribución de las riquezas influyen decisivamente en su creación, una vez establecidas generan características propias y sus reacciones dejan de estar únicamente motivadas por incentivos económicos. De ahí que cuando esas clases se destruyen y reemplazan a consecuencia de un proceso auténticamente revolucionario, como hubo de ocurrir en Cuba, no estaremos asistiendo a un simple cambio en la estructura económica del Estado, antes bien, a un irreparable desgarramiento de la sociedad en cuestión de consecuencias impredecibles, ya que carecemos de base para inducir cuales habrán de ser las aptitudes y reacciones propias de las nuevas clases que pudieran reemplazarlas.

Pensar que liquidado el régimen imperante y restablecidas en Cuba las clases empresarial, proletaria y campesina, éstas recuperarán íntegramente sus precedentes características y renovarán sin alteraciones su anterior comportamiento es formarse ilusiones porque inevitablemente serán en su inmensa mayoría otros sus miembros y otros también los patrones de conducta por los que habrán de regirse.

Tomemos por ejemplo, al campesino. La llamada reforma agraria privó al campesino de la propiedad de su sitio de labranza y de su libertad de elegir el cultivo de su preferencia, lo que equivale a desarraigarlo, pero no se limitó a eso sino que con la práctica improductiva del cooperativismo oficial favoreció su emigración en masa hacia la capital y otros centros urbanos en procura de expectativas económicas más atractivas, con el consiguiente reemplazo de la mano de obra ausente por el empleo temporal de estudiantes y obreros inexpertos. Siendo ésto así cumple aceptar como un hecho que el "Liborio" representativo de nuestro campesinado es solo ya un fantasma del pasado sólo revivible con el recuerdo.

Esa realidad es aplicable con las variantes del caso a los restantes sectores organizados de población, porque no es menos infundado suponer que con solo poner término al régimen de gobierno imperante habrán de surgir revividas de sus cenizas las precedentes. El proletariado en particular tardará sin dudas en recuperar sus perdidas características ya que no cabe admitir que los que han venido siendo meros asalariados del Estado, sin conciencia de clase, quienes han hecho del absentismo y la negligencia en sus labores un hábito, modifiquen su comportamiento de la noche a la mañana. Ellos dejaron de ser propiamente obreros dado que esa condición social sólo puede darse dentro de las relaciones de capital y trabajo propias de los regímenes capitalistas, pero menos, muchísimo menos podrán ser genuinos continuadores de la precedente clase obrera cubana, singular ejemplo de cohesión orgánica, disciplina y sentido de responsabilidad colectiva. El obrerismo de la pasada época no se dejó contaminar con el virus revolucionario, lejos de eso dio abundantes muestras durante la última crisis política de inigualada prudencia y sensatez.

Y que pensar, finalmente, de nuestros futuros empresarios. No faltan quienes aseguran que en el destierro quedan aún reservas bastantes para reconstruir la economía cubana y eso es posible, sin embargo, en todo caso tendrán que empezar por el principio ya que no puede haber empresarios sin empresas y las que materialmente existan todavía seguramente no podrían ser operadas en las mismas condiciones. Además, el sentimiento patriótico y el espíritu de empresa no corren siempre parejos; el buen empresario dejará sin dudas de invertir sus recursos económicos allí donde no existan las garantías y oportunidades de mercado que estime propicias. Me inclino a pensar que muchos de los que se apresuran a asegurar que serán los primeros en contribuir a la reconstrucción económica de Cuba desistan de su propósito o lo aplacen indefinidamente una vez comprobada la situación de inestabilidad e incertidumbre que siguen, inevitablemente, a todo cambio social de la índole del que estamos abocados a experimentar. Lo que es de esperar es que la gran mayoría de los futuros empresarios sean otros y del patio, los que por algún tiempo no igualarán a sus predecesores, al menos, en experiencia.

Pero se da el caso que no habrán de ser únicamente las relaciones activas de convivencia las que se encontrarán cambiadas, sino también como dejamos apuntado, las pasivas, aquellas otras que dibujan la fisonomía de un pueblo, lo que se ha dado en llamar la personalidad colectiva. Ya sabemos cómo la teníamos adquirida nosotros los cubanos y cómo la veníamos manteniendo hasta que pusimos solución de continuidad al proceso evolutivo. A partir de entonces empezamos a desfigurarnos progresivamente debido tanto a las presiones del medio social como a la presencia de factores demográficos nuevos y al consiguiente desequilibrio de su integración étnica.

Los datos estadísticos en que basamos el anterior criterio no pueden llevarnos a engaño, repasémoslos sumariamente. La Cuba prerrevolucionaria contaba con una población aproximada de 6.500.000 habitantes y en el curso de las tres últimas décadas esa cifra se elevó a más de 10.000.000. Si a tal aceleración del rítmo demográfico se añade el alto porcentaje de merma por desceso de la población activa a partir de 1959, así como las emigraciones a distintos países del extranjero, que se estiman en más de un millón de personas, cabe afirmar sin reservas que el residuo social de la Cuba de antes que habrá de participar en la construcción de la Cuba del futuro, aun aceptando el reintegro de un alto porcentaje de desterrados, no excedería de una cuarta parte de su población total. Pero hay más, esa abrumadora mayoría de cubanos de nuevo cuño difiere también de la precedente por su integración racial, dado que la liberación de las costumbres unida a la llamada política internacionalista del régimen que trajo consigo una larga presencia de tropas cubanas en Africa así como de sucesivos contingentes de jóvenes africanos en la isla, han contribuido a acelerar considerablemente el rítmo del mestizaje. Puede ya asegurarse que la población blanca de origen hispano que representaba un 60% todavía en 1959, no sobrepasa hoy día el 40%.

Se dirá que ese imprevisto desbalance en el equilibrio étnico no implica necesariamente un relajamiento o deterioro de los valores culturales del pueblo cubano, lo que es aceptable, pero llevarlo al extremo de suponer que sólo representa un sutil cambio de colorido en la piel de sus ejemplares típicos, es ya caer en un error, porque en definitiva lo que damos en llamar personalidad colectiva no es otra cosa que la resultante de una fórmula de la química social que como toda otra fórmula habrá de experimentar una modificación, más o menos significativa, cuando se altera la dosificación de sus elementos integrantes.

Me he limitado a señalar hechos sin aventurarme a hacer juicios de valor ya que nadie puede decir con certeza si los cubanos de ahora son intrínsecamente mejores o peores que los de antes, más aptos o menos aptos para afrontar las contingencias del difícil trance que nos espera. Lo que si puede afirmarse sin reservas es que a ellos corresponde enfrentarlas; tal como resulten ser, con lo que le resten de los valores ancestrales y los adquiridos, con sus actuales virtudes y vicios, aprestos y flaquezas, toda vez que es ese, en definitiva, el material humano con el que contamos. Por supuesto que las minorías del ayer y especialmente las desplazadas están llamadas a colaborar en el empeño común de construir la nueva república. Bien está que se animen a preparar sus propios proyectos y creyéndolos mejores se esfuercen en probar sus méritos, ese es su derecho, pero su deber consiste en abstenerse de aspirar a que sean aceptados sin reparos. Pensar que porque cuentan con la experiencia y con recursos económicos habrán de ser ellos los arquitectos y a los demás, que son por cierto la mayoría, les toca sólo poner la mano de obra, es un peligroso error que puede acarrear pésimas consecuencias.

El término reconstrucción que solemos aplicar al caso cubano no es el debido, porque la futura Cuba que todos aspiramos a hacer lo mejor posible, hay que reconstruirla y construir tiene un significado distinto a reconstruir. Para esto último hacemos acopio de los materiales que aún permanecen en la ruina y sacamos de los archivos los viejos planos a fin de no apartarnos del modelo original. Cuando construimos, por el contrario, nos servimos de materiales nuevos y proyectamos la obra con vistas no ya a satisfacer los gustos del pasado sino las necesidades y preferencias del presente a fin de que el edificio, sin merma de su belleza arquitectónica, resulte funcional y contemporáneo a sus contemporáneos.

Lo anterior no excluye la otra tarea restauradora que tanto importa llevar pronto a cabo en el contorno urbano cuyo presente estado de deterioro salta a la vista, así como la más difícil y no menos urgente que implica la restauración de las estructuras morales de la sociedad parejamente deterioradas. Pero esas tareas complementarias no podrían realizarse dentro de un clima de zozobra e incertidumbre, necesitamos sentirnos seguros de haber construido un nuevo orden estable y no solamente a juicio de un sector dominante de la población sino de las grandes mayorías nacionales.

Y cómo conseguirlo si no deponemos irreconciliables actitudes y aunamos propósitos y esfuerzos, el fracaso de los que llevaban a término el ambicioso proyecto de la torre de Babel no debió consistir precisamente en una confusión de lenguas sino en un divorcio de voluntades, que sólo tiene lugar cuando las partes componentes de un conjunto se empeñan en prevalecer. Construir es mucho más difícil y laborioso que destruir. Puede que baste con un certero golpe en sus cimientos para que la más sólida muralla se resquebraje hasta el extremo de provocar su desplome. Lo mismo puede que ocurra con la estructura de un régimen político y de ahí que la unidad en las tácticas de lucha de sus opositores, aunque conveniente, no constituye siempre el factor decisivo. Cuando sí se hace absolutamente imperioso no ya la unidad sino la sincronización armónica de los propósitos es llegado el momento de tener que establecer un orden nuevo.

Esa otra etapa a la que habremos los cubanos de llamar pronto la actual, está requerida de recursos materiales y humanos que no bastan que sean cuantitativamente abundantes dado que tienen que resultar también cualitativamente adecuados. Los que han venido ofreciendo a la causa de la liberación de Cuba esfuerzos y sacrificios sin reparos deben saber que les aguardan otros tal vez mayores que los pondrán a prueba, esta vez de diferente índole, ya que no se trata de combatir a un enemigo sino de entrar en lucha con ellos mismos para reprimir impulsos, deponer aspiraciones, borrar prejuicios, deshacerse de arraigados hábitos y, sobre todo, aprender la lección del pasado y disponerse a evitar por todos los medios la tentación de repetirse. Para lograrlo hace falta también valor personal, aunque no como lo venían demostrando.

Lo que sigue no pertenece ya al mundo de la auténtica realidad sino al de la poesía y si me detengo a referirlo es porque no por ser irreal deja de ser un mundo habitable para las criaturas de nuestra imaginación; un mundo donde también ocurren cosas ejemplarizantes, dignas de ser relatadas.

No podría decir de fijo si se trata de un sueño o de una alucinación producto de la fatiga que trae consigo el estar reflexionando por mucho tiempo, aunque tal vez todo se debiera a un espejismo de la mente capaz de representarse aquello que quisiéramos ver con una apariencia tan verídica que una vez experimentada incorporamos su recuerdo a nuestra memoria como una vivencia más.

Así hubo de ocurrir que de súbito me vi transportado a la Plaza Cívica de La Habana, tan recordada por mí porque allí quedó emplazada la nueva Biblioteca Nacional que contribuyera a inaugurar. La abarqué con una sola mirada en toda su extensión; volví a ver sus otros edificios públicos y al fondo, teniendo como exedra el Palacio de Justicia, la monumental estatua de José Martí. Confieso que rebasada mi primera impresión de extrañeza comencé a sentir miedo porque una creciente multitud iba inundando el amplísimo recinto y sospeché que habría de asistir sin quererlo a una de las famosas concentraciones de reafirmación comunista. Pero no, pronto hube de comprobar mi error al toparse mis miradas con una recién removida tarja de bronce que llevaba inscripto el otro nombre que se le diera a aquel hermoso recinto: Plaza de la Revolución. En su reemplazo un grafito manuscrito con indudable prisa anunciaba su nueva denominación: Plaza del Arrepentimiento.

Fue entonces que lo comprendí todo de una vez; yo estaba viviendo un mundo mágico sin tiempo, donde el pasado y el futuro se conjugan en la misma oración de presente y me fue fácil comprobarlo porque entre la muchedumbre empecé a reconocer a muchos de mis contemporáneos ya muertos sin que presentasen ningún signo de deterioro físico, tal como parecían en sus mejores tiempos. Y lo que es más, en la improvisada tribuna, a la vera de la estatua del Apóstol, verdadero altar de la patria adornado con flores y encendidos cirios, se agrupaban los protagonistas de todas las "revoluciones" republicanas alineados en la gradería por orden sucesivo cada cual junto al estandarte de su respectiva revolución.

Si, sin dudas yo estaba asistiendo a un acto singular y no precisamente conmemorativo ni mucho menos de celebración y júbilo ya que reinaba un ambiente de serenidad ritual como el que se da sólo en los templos. Qué lo motivaba hube de saberlo de inmediato cuando hizo su aparición por las gradas de lo que parecía ser el presbiterio, el Maestro de Ceremonia a manera del sacerdote oficiante quien después de hacer una señal de reverencia ante el altar se volvió de frente a la muchedumbre seguramente para dar inicio al ritual. Alcancé a oírle sin perder palabra pese a la distancia en que estaba situado ya que en el mundo mágico en que me encontraba no hacen falta los amplificadores, las voces se captan directamente por la conciencia sin pasar por el sentido del oído y en la propia lengua que hablamos sin necesidad de traducción como en el milagro de Pentecostés.

El grito de *¡cubanos!* rompió el silencio de expectación que reinaba en la plaza:

Estamos reunidos en un evento sin precedentes en pueblo alguno -continuó diciendo- *es éste un acto de contrición, convencidos de que sólo un cabal arrepentimiento de nuestra pasada conducta y un firme y sincero propósito de enmienda puede ponernos en el camino de la salvación. Ninguna mejor oportunidad que la de ahora cuando estamos a punto de iniciar una nueva etapa histórica y qué sitio más apropiado que el de esta plaza, escenario de tantos pecados revolucionarios siendo, precisamente, de esta revolución de lo que más tenemos que arrepentirnos. Pero como no son solamente sus autores y continuadores los únicos responsables hice convocar también a los que desde mucho antes fueron gestando, ya por acción ya por omisión, las circunstancias que la hicieron posible. A todos, vivos y muertos, les toca reconocer su parte alícuota de culpa y como pecadores que aspiran a ser perdonados les cumple también confesar sus pecados de lesa herejía patriótica ante la imagen del más ofendido, nuestro Apóstol.*

Se inició una pausa en el introito y fue en ese momento que me asaltó una duda y me encontré preguntándome el por qué habrían de estar allí los hijos de la revolución. Es acaso justo que tengamos que pagar las culpas ajenas? Y he aquí que en la pantalla de mi imaginación, tal como en la de una computadora, se fue dibujando la respuesta: *Ellos no vienen a confesar sus pecados sino a prevenirse de pecar dado que están expuestos a caer en la tentación, que no en balde son también cubanos.*

Cuando el Maestro de Ceremonia reanudó su prédica fue ya para interrogar a su multitudinaria audiencia si ratificaban su propósito de enmienda. Un estruendoso: *"Sí, nos arrepentimos"* brotó al unísono de todas las gargantas con una sonoridad indescriptible que sólo puede darse cuando al coro de los vivos se unen las voces de ultratumba. Ya en lo adelante habría de tener lugar lo esperado, la pública confesión de los pecados, los que por cierto traía enlistados el Maestro de Ceremonia seguramente porque conociendo nuestra condición humana, temiera que olvidásemos algunos o lo que es peor, que no los considerásemos tales pecados. Uno a uno los iría señalando al tiempo que pedía a la multitud que reiterara la promesa de no volver a incurrir en los mismos, lo que nos apresuramos a hacer con el consabido estribillo: *"Apóstol, te lo prometemos".*

Fue larga la relación y no hace al caso que la reproduzca aquí íntegramente, baste conque deje saber que el Maestro de Ceremonias tenía agrupados nuestros muchos vicios de comportamiento por orden de importancia, primero los que constituyen pecados de herejía contra el evangelio que predicaba Martí y después nuestras faltas de responsabilidad y conciencia cívica que a tantos irreparables errores nos ha conducido. Claro que en su recuento hubo de poner un mayor énfasis en aquellos pecados capitales que en su sentir habían contribuido más a malograr nuestro primer ensayo democrático y que de caer de nuevo en su tentación nos llevaría a otro fracaso de impredecibles consecuencias.

Y cómo dejar de incluir en primerísimo lugar al pecado de envidia que tanto ha contribuido a avivar el fuego de las pasiones hasta tornarnos en enemigos irreconciliables no ya únicamente del adversario político, sino de nuestros propios aliados a los que no perdonamos el buen éxito de sus gestiones aun cuando las mismas nos beneficien. No dejó de poner también énfasis en el inveterado vicio de la intransigencia que se erigió en insuperable obstáculo para la solución pacífica de muchas de las pasadas crisis políticas. Fruto monstruoso del pecado de egoísmo, la intransigencia toma el nombre de firmeza de convicciones y se hace pasar por virtud cívica en la mayoría de los casos para disimular las inconfesables intenciones de quienes la exhiben con alarde y que suelen no ser otras que las de hacer prevalecer a cualquier precio sus personales propósitos.

Cuando le llegó su turno al uso de la violencia como medio de dirimir nuestros conflictos el Maestro de Ceremonia pidió a la contrita audiencia pusiese en la promesa de enmienda toda la firmeza de intención de que fuere capaz porque -recuerdo sus propias palabras- *si es verdad que queremos asegurar la estabilidad de la futura república tenemos que apartarnos de toda posibilidad de caer de nuevo en la tentación revolucionaria... El término revolución debe ser borrado definitivamente de nuestro diccionario político, porque, oídme bien, no hemos tenido nunca desde que nos dieron la independencia, ninguna otra revolución que reuniese los requisitos de justa y necesaria; todas pudieron ser evitadas con ahorro de vidas valiosas y de vergonzantes escenas de terror y represión. Y conste que digo todas, incluyendo la que damos en llamar "traicionada" y las anteriores a las que se les atribuyen saldos de indudables beneficios sociales, ya que los mismos bien hubiesen podido ser logrados sin romper el rítmo constitucional, por la vía legislativa.*

En llegando a ese punto me asaltó otra duda, esta vez sobre si por lo dicho debería yo entender que aún estábamos a tiempo de tratar de darle a esta crisis de ahora una solución de compromiso, y he aquí que de nuevo alcancé a leer la respuesta sobre la pantalla de mi imaginación: *No, ya es demasiado tarde, de las revoluciones, al igual que de otros males del cuerpo, nos curamos en salud con los remedios de la medicina preventiva.* Comprendí lo errado de mi duda, tanto más cuanto que ya había sido advertido. No estábamos allí reunidos para buscarle soluciones a un presente que se estaba haciendo pasado, sino a un futuro que se hacía ya presente.

Debieron ser muchos los pecados aunque en verdad no acerté a contarlos ni podría calcular tampoco el tiempo que hube de permanecer siendo uno más en medio de aquella muchedumbre. Recuerdo, eso sí, que con el eco de la última promesa de arrepentimiento la extraña luminosidad que nos envolvía comenzó a disiparse como anunciando el próximo fin del acto al que asistíamos. Y así era en efecto porque el Maestro de Ceremonia dejaba su púlpito para situarse como al comienzo, al pié del altar, de espaldas a la multitud.

Hacia allí, también, dirigí yo mis últimas miradas, algo me llamaba a hacerlo y fue afortunado en verdad pues cuando alcancé a fijarlas en el rostro de la marmórea estatua puedo asegurar a sabiendas de que nadie habrá de creerme que vi sonreír a Martí. De lo que no estoy ya tan cierto es de si aquella sonrisa reflejaba duda o satisfacción, aunque me inclino a pensar que eso último teniendo presente la inquebrantable fe del Apóstol en los destinos del pueblo cubano.

INDICE

PRIMERA PARTE

Introducción
El por qué de este libro: 5

I   Cómo empecé a pensar en Pedro,
     Juan y Diego 9

II   Sobre el papel que juega el resorte de la
     voluntad 18

III   A propósito del miedo 31

IV   Sobre cómo tendemos a actuar 36

V   Nuestro diálogo con las circunstancias 44

VI   Donde se concluye que todos somos culpables 55

SEGUNDA PARTE

Introducción 59

I   Soñar no cuesta nada 60

II   Se puede amar la democracia sin ser demócrata ... 67

III   No vivíamos los cubanos tanto de la política
     como para la política 72

IV   Cuando inauguramos la República no nos
     entrenábamos como pueblo 77

V   Negarnos a reconocer nuestros errores
     es cerrarnos toda posibilidad de superación 85

VI	Nuestro concepto de patriotismo 96
VII	Las etapas de nuestro proceso evolutivo 102
VIII	El "revolucionario" es un rebelde con causa 109
IX	De la diferencia entre reforma y revolución 115
X	Sobre las falsas y las auténticas revoluciones 121
XI	Acusar a Castro de traición es una excusa 134

UN EPILOGO AL PASADO Y UN PROLOGO PARA EL FUTURO 139

COLECCION CUBA Y SUS JUECES
(libros de historia y política publicados por EDICIONES UNIVERSAL):

0-6	MAXIMO GOMEZ ¿CAUDILLO O DICTADOR?, Florencio García Cisneros
0359-6	CUBA EN 1830, Jorge J. Beato & Miguel F. Garrido
044-5	LA AGRICULTURA CUBANA (1934-1966), Oscar A. Echevarría Salvat
045-3	LA AYUDA CUBANA A LA LUCHA POR LA INDEPENDENCIA NORTEAMERICANA, Eduardo J. Tejera
046-1	CUBA Y LA CASA DE AUSTRIA, Nicasio Silverio Saínz
047-X	CUBA, UNA ISLA QUE CUBRIERON DE SANGRE, Enrique Cazade
048-8	CUBA, CONCIENCIA Y REVOLUCION, Luis Aguilar Leon
049-6	TRES VIDAS PARALELAS, Nicasio Silverio Saínz
050-X	HISTORIA DE CUBA, Calixto C. Masó
051-8	RAICES DEL ALMA CUBANA, Florinda Alzaga
118-2	EL ARTE EN CUBA, Martha de Castro
119-0	JALONES DE GLORIA MAMBISA, Juan J.E. Casasús
123-9	HISTORIA DEL PARTIDO COMUNISTA DE CUBA Jorge García Montes y Antonio Alonso Avila
131-X	EN LA CUBA DE CASTRO (APUNTES DE UN TESTIGO), Nicaso Silverio
1336-2	ANTECEDENTES DESCONOCIDOS DEL 9 DE ABRIL Y LOS PROFETAS DE LA MENTIRA, Angel Aparicio Laurencio
136-0	EL CASO PADILLA: LITERATURA Y REVOLUCION EN CUBA Lourdes Casal
139-5	JOAQUIN ALBARRAN, ENSAYO BIOGRAFICO, Raoul García
157-3	VIAJANDO POR LA CUBA QUE FUE LIBRE, Josefina Inclán
165-4	VIDAS CUBANAS - CUBAN LIVES.- VOL. I., Jose Ignacio Lasaga
205-7	VIGENCIA POLITICA Y LITERARIA DE MARTIN MORUA DELGADO, Aleyda T. Portuondo
205-7	CUBA, TODOS CULPABLES, Raul Acosta Rubio
207-3	MEMORIAS DE UN DESMEMORIADO-LEÑA PARA EL FUEGO DE LA HISTORIA DE CUBA, José R. García Pedrosa
211-1	HOMENAJE A FELIX VARELA, Sociedad Cubana de Filosofía
212-X	EL OJO DEL CICLON, Carlos Alberto Montaner
220-0	INDICE DE LOS DOCUMENTOS Y MANUSCRITOS DELMONTINOS, Enildo García
240-5	AMERICA EN EL HORIZONTE. UNA PERSPECTIVA CULTURAL Ernesto Ardura
243-X	LOS ESCLAVOS Y LA VIRGEN DEL COBRE, Leví Marrero
262-6	NOBLES MEMORIAS, Manuel Sanguily
274-X	JACQUES MARITAIN Y LA DEMOCRACIA CRISTIANA, José Ignacio Rasco
283-9	CUBA ENTRE DOS EXTREMOS, Alberto Muller
298-7	CRITICA AL PODER POLITICO, Carlos M. Méndez
293-6	HISTORIA DE LA ODONTOLOGIA EN CUBA. VOL.I: (1492-1898) César A. Mena
310-X	HISTORIA DE LA ODONTOLOGIA EN CUBA VOL.II: (1899-1940) César A. Mena
311-8	HISTORIA DE LA ODONTOLOGIA EN CUBA VOL.III:(1940-1958) César A. Mena
344-4	HISTORIA DE LA ODONTOLOGIA EN CUBA VOL IV:(1959-1983) César A. Mena
3122-0	RELIGION Y POLITICA EN LA CUBA DEL SIGLO XIX (EL OBISPO ESPADA), Miguel Figueroa y Miranda
313-4	EL MANIFIESTO DEMOCRATA, Carlos M. Méndez
314-2	UNA NOTA DE DERECHO PENAL, Eduardo de Acha

319-3	MARTI EN LOS CAMPOS DE CUBA LIBRE, Rafael Lubián
320-7	LA HABANA, Mercedes Santa Cruz (Condesa de Merlin)
328-2	OCHO AÑOS DE LUCHA - MEMORIAS, Gerardo Machado y Morales
340-1	PESIMISMO, Eduardo de Acha
347-9	EL PADRE VARELA. BIOGRAFIA DEL FORJADOR DE LA CONCIENCIA CUBANA, Antonio Hernández-Travieso
353-3	LA GUERRA DE MARTI (LA LUCHA DE LOS CUBANOS POR LA INDEPENDENCIA), Pedro Roig
354-1	EN LA REVOLUCION DE MARTI, Rafael Lubián y Arias
358-4	EPISODIOS DE LAS GUERRAS POR LA INDEPENDENCIA DE CUBA, Rafael Lubián y Arias
364-9	MARXISMO Y DERECHO, Eduardo de Acha
367-3	¿HACIA DONDE VAMOS? (RADIOGRAFIA DEL PRESENTE CUBANO), Tulio Díaz Rivera
368-1	LAS PALMAS YA NO SON VERDES (ANALISIS Y TESTIMONIOS DE LA TRAGEDIA CUBANA), Juan Efe Noya
374-6	GRAU: ESTADISTA Y POLITICO, Antonio Lancís
376-2	CINCUENTA AÑOS DE PERIODISMO, Francisco Meluzá Otero
379-7	HISTORIA DE FAMILIAS CUBANAS (VOLS.I-VI) Francisco Xavier de Santa Cruz
380-0	HISTORIA DE FAMILIAS CUBANAS. VOL. VII Francisco Xavier de Santa Cruz
408-4	HISTORIA DE FAMILIAS CUBANAS. VOL. VIII Francisco Xavier de Santa Cruz
409-2	HISTORIA DE FAMILIAS CUBANAS. VOL. IX Francisco Xavier de Santa Cruz
383-5	CUBA: DESTINY AS CHOICE, Wifredo del Prado
387-8	UN AZUL DESESPERADO, Tula Martí
392-4	CALENDARIO MANUAL Y GUIA DE FORASTEROS DE LA ISLA DE CUBA
393-2	LA GRAN MENTIRA, Ricardo Adám y Silva
403-3	APUNTES PARA LA HISTORIA. RADIO, TELEVISION Y FARANDULA DE LA CUBA DE AYER..., Enrique C. Betancourt
407-6	VIDAS CUBANAS II/CUBAN LIVES II, José Ignacio Lasaga
411-4	LOS ABUELOS: HISTORIA ORAL CUBANA, Jose B. Fernández
413-0	ELEMENTOS DE HISTORIA DE CUBA, Rolando Espinosa
414-9	SIMBOLOS - FECHAS - BIOGRAFIAS, Rolando Espinosa
418-1	HECHOS Y LIGITIMIDADES CUBANAS. UN PLANTEAMIENTO Tulio Díaz Rivera
425-4	A LA INGERENCIA EXTRAÑA LA VIRTUD DOMESTICA (biografía de Manuel Márquez Sterling), Carlos Márquez Sterling
426-2	BIOGRAFIA DE UNA EMOCION POPULAR: EL DR. GRAU Miguel Hernández-Bauzá
428-9	THE EVOLUTION OF THE CUBAN MILITARY (1492-1986), Rafael Fermoselle
431-9	MIS RELACIONES CON MAXIMO GOMEZ, Orestes Ferrara
436-X	ALGUNOS ANALISIS (EL TERRORISMO. DERECHO INT.), Eduardo de Acha
437-8	HISTORIA DE MI VIDA, Agustín Castellanos
443-2	EN POS DE LA DEMOCRACIA ECONOMICA, Varios
450-5	VARIACIONES EN TORNO A DIOS, EL TIEMPO, LA MUERTE Y OTROS TEMAS, Octavio R. Costa
451-3	LA ULTIMA NOCHE QUE PASE CONTIGO (40 AÑOS DE FARANDULA CUBANA/1910-1959), Bobby Collazo
458-0	CUBA: LITERATURA CLANDESTINA, José Carreño
459-9	50 TESTIMONIOS URGENTES, José Carreño y otros
461-0	HISPANIDAD Y CUBANIDAD, José Ignacio Rasco
466-1	CUBAN LEADERSHIP AFTER CASTRO, Rafael Fermoselle
483-1	JOSE ANTONIO SACO, Anita Arroyo

490-4	HISTORIOLOGIA CUBANA I (1492-1998), José Duarte Oropesa
2580-8	HISTORIOLOGIA CUBANA II (1998-1944), José Duarte Oropesa
2582-4	HISTORIOLOGIA CUBANA III (1944-1959),José Duarte Oropesa
502-1	MAS ALLA DE MIS FUERZAS , William Arbelo
508-0	LA REVOLUCION , Eduardo de Acha
510-2	GENEALOGIA, HERALDICA E HISTORIA DE NUESTRAS FAMILIAS, Fernando R. de Castro y de Cárdenas
514-5	EL LEON DE SANTA RITA, Florencio García Cisneros
516-1	EL PERFIL PASTORAL DE FELIX VARELA, Felipe J. Estévez
518-8	CUBA Y SU DESTINO HISTORICO. Ernesto Ardura
520-X	APUNTES DESDE EL DESTIERRO, Teresa Fernández Soneira
524-2	OPERACION ESTRELLA, Melvin Mañón
532-3	MANUEL SANGUILY. HISTORIA DE UN CIUDADANO , Octavio R. Costa
538-2	DESPUES DEL SILENCIO, Fray Miguel Angel Loredo
540-4	FUSILADOS, Eduardo de Acha
551-X	¿QUIEN MANDA EN CUBA? LAS ESTRUCTURAS DE PODER. LA ELITE., Manuel Sánchez Pérez
553-6	EL TRABAJADOR CUBANO EN EL ESTADO DE OBREROS Y CAMPESINOS, Efrén Córdova
558-7	JOSE ANTONIO SACO Y LA CUBA DE HOY, Angel Aparicio
7886-3	MEMORIAS DE CUBA, Oscar de San Emilio
566-8	SIN TIEMPO NI DISTANCIA, Isabel Rodríguez
569-2	ELENA MEDEROS (UNA MUJER CON PERFIEL PARA LA HISTORIA), María Luisa Guerrero
577-3	ENRIQUE JOSE VARONA Y CUBA, José Sánchez Boudy
586-2	SEIS DIAS DE NOVIEMBRE, Byron Miguel
588-9	CONVICTO, Francisco Navarrete
589-7	DE EMBAJADORA A PRISIONERA POLITICA: ALBERTINA O'FARRILL, Víctor Pino Llerovi
590-0	REFLEXIONES SOBRE CUBA Y SU FUTURO, Luis Aguilar León
592-7	DOS FIGURAS CUBANAS Y UNA SOLA ACTITUD, Rosario Rexach
598-6	II ANTOLOGIA DE INSTANTANEAS, Octavio R. Costa
606-0	LA CRISIS DE LA ALTA CULTURA EN CUBA - INDAGACION DEL CHOTEO, Jorge Mañach
608-0	VIDA Y MILAGROS DE LA FARANDULA CUBANA, Rosendo Rosell
617-6	EL PODER JUDICIAL DE CUBA, Vicente Viñuela
620-6	TODOS SOMOS CULPABLES, Guillermo de Zéndegui
621-4	LUCHA OBRERA DE CUBA, Efrén Naranjo
623-0	HISTORIOLOGIA CUBANA IV, José Duarte Oropesa